L'ÂME SEULE

Hervé Vilard

L'âme seule

Fayard

À Daniel Cordier.

Je ne sais pas très bien si je rêve
Ou si je me souviens
Si j'ai vécu ma vie
Ou si je l'ai rêvée.

Eugène IONESCO

LIVRE I

Je dors bien à Paris. Section poulbots de l'orphelinat Saint-Vincent-de-Paul. Derrière les marronniers, l'hospice et l'hôpital servent de mouroirs.

– Encore un qui crève!

Alors, douce, lente, la cloche du couvent se met à sonner. Les orphelins de la guerre grandissent ici, sous les barreaux, les branches, dans la Javel, les traces de merde du couloir de l'infirmerie. La République encourage les filles-mères à abandonner leurs enfants à l'hôpital. Dans la cour voisine, sous un carré de ciel, les filles crient, piaillent, les filles chantent. On entend les voitures remonter le boulevard. Il y a quelque chose au-delà des murs, au-delà des cloches. Je ne suis pas malheureux. Pas timide. Pas révolté. Pas meurtri. Je suis là.

La nuit, parfois, le cœur grandit entre les rangées de lits en fer blanc, un sentiment monte. On ne pense rien. On ne dit rien. Les sœurs ferment les portes en sortant une à une les clefs des poches profondes de leurs tabliers blancs. Et on veut. De toutes nos forces on veut un marron brillant sur le pavé, un verre d'eau, le tablier d'une lingère, l'amidon. Un geste de la main. On sourit et on attend. On a confiance. On est heureux dans l'odeur d'éther.

À la crèche, les jours de visites, il n'y a jamais personne pour René Villard. Ni à Pâques, ni à Noël, personne pour laisser un camion de pompiers rouge, mais le jeudi, quand j'ouvre mon placard, il y a des marrons, des papiers de bonbons et des boutons de tablier. Et puis, un jour, Josiane m'offre le camion de pompiers. Un jouet rouge. Le plus beau des rouges du monde. Il faudrait que les choses, les gens, leurs visages, les jouets, que tout soit à moi.

Je n'aime que ce rouge-là.

Les pions et les pionnes sont aux ordres d'infirmières gradées possédant le pouvoir absolu. Têtes hautes, trois étoiles au galon posé sur un voile bleu. Le dernier dimanche de chaque trimestre, deux infirmières-chefs déroulent une carte de France sur le mur verdâtre du réfectoire. C'est le signal des départs, demain. Alors, de rage, on jette la purée à travers le réfectoire.

– Départ demain 7 heures… Marchais, Selino, vous êtes transférés à Gien. Duchaussoy… à Tours.

Depuis l'âge de trois ans, j'attends. Et, chaque fois que tombe le dernier nom, je respire à nouveau.

Mais, ce jour-là, mon nom résonne.

– Villard, vous irez dans le Cher, à Saint-Amand-Montrond.

La baguette de la Bourseiller pointe le centre de la carte.

– Juste au milieu de la France, ajoute-elle avec sa froideur habituelle.

Je sais l'heure. Je sais compter jusqu'à cent. Et je ne chiale pas, jamais. Je m'appelle René. La dernière nuit est blanche sous la veilleuse violette.

On est ensemble, mais sans se tenir par la main, un groupe de petites capes bleu marine, serrées, en train de traverser Paris dans le fourgon de l'Assistance publique. C'est écrit si gros qu'on a honte, comme on a honte des «guêpes» qui nous dirigent pas à pas. «Vous, là», «Vous, là». On les appelle les guêpes parce qu'elles nous piquent tout le temps, à la seringue. À Denfert, on a testé des dizaines de vaccins.

Derrière, nous laissons l'avenue Denfert-Rochereau et puis des rues, des berges, des arbres, des gens.

Dans le hall de la gare d'Austerlitz, les convoyeurs nous attendent sur le quai. Leurs vêtements civils nous font voir l'autre monde, adieu les blouses blanches. On nous passe autour du cou un collier de perles de bois avec une médaille en laiton. Sur le col de mon chandail pend le matricule 764.

Il y a la gare et les bruits, les trains, toute cette grandeur du monde, mais, dans ma tête, ça tricote des sentiments, je pense à mes douces cheftaines, je ne leur ai pas dit au revoir. Ce jour-là, elles n'étaient pas de garde. C'est grave et ce n'est pas grave. Ça continue, la vie, les visages, et les inconnus. Les pas. Le train. Ça soulève le cœur, ça calme aussi. J'ai commencé à devenir quelqu'un là, entre les wagons, les capes, les coups de sifflets, moi dans cette vie qui va d'un point à un autre, toujours d'un point à un autre, par dizaines d'arrachements, partout chez lui, nulle part chez soi avec une mère, un père et des bras.

Le train roule en nous berçant. À chaque arrêt, ils appellent des matricules, et une partie de notre groupe s'éloigne en rangs par deux.

À Vierzon, on déjeune d'un casse-croûte. Le turbulent Duchaussoy lance : «C'est quoi ce bled paumé?» Alors, Aziz, Adrien, on ne se reverra jamais? Dans la micheline jaune et rouge, il reste deux convoyeurs. Et moi. Un vent chaud fait tournoyer des plumes rousses. Elles doivent venir d'un panier d'osier dissimulé entre les pieds d'un voyageur.

– Saint-Florent-sur-Cher. Une minute d'arrêt.

Je bondis en croyant que c'est mon tour.

– Rasseye-toi.

Le convoyeur continue de mâcher son chewing-gum. Une grosse citadelle surgit au sommet du village de Château-Neuf.

À Saint-Amand-Montrond-Orval, un convoyeur signe, vite, sans un au revoir, le bras passé par la vitre, mon bulletin de transfert. Le chef de gare crie, tout va vite, tout est comme avant et rien n'est comme avant, je ne suis jamais né, alors je survis à chaque instant. Ce qui va arriver, à chaque seconde, peut m'avaler, m'emporter. Et là, pour la première fois, je découvre un langage inconnu. Le chef de gare s'est mis à rouler les *r*. Des mots tout neufs, rentrés, mais vivants comme l'écorce, le français des Berrichons.

– Les voyageurrres pour Montluçon, en voiturrre. Ferrmer les porrrtières... Attention au déparrrt.

C'est autre chose qu'à Paris. Au milieu du tumulte, il faut se cramponner à des détails, des petites choses bien à soi. La langue rauque de ces gens-là, grave et profonde, me paraît plus ridicule que moi.

Madame Robillat ne dit pas bonjour.

– C'est donc toi, mon matricule 764.

Ma médaille, elle la fixe par-dessus ses lunettes.

– Viens, nous allons bien nous amuser. Tu es ici pour aller à l'école.

Je suis venu de Paris jusqu'à Saint-Amand-Montrond pour aller à l'école ? Nous montons dans une deux-chevaux. Nous traversons une petite ville silencieuse. Au dernier feu, un cheval tourne son museau vers moi et me regarde. Au bout de la route, je crois qu'il y aura la mer, parce que c'est le début des vacances. Je sais attendre, ça m'oppresse, mais j'attends. On est sortis de la deux-chevaux et on m'a posé devant la porte d'un bureau, dans une grosse maison – la COTRELLE – le foyer de l'Aide sociale à l'enfance. Puis, dans sa grandeur, est apparue, avec son chignon rehaussé, madame Sabatier, sous-directrice.

– René Villard, écoutez-moi.

Dans huit jours, elle dit que je rejoindrai mes parents nourriciers, à la campagne.

Moi, je veux voir la mer.

– Taisez-vous, Villard, ici on n'est pas à Paris.

Son vouvoiement me fait peur.

– Et on ne répond pas à sa directrice.

Elle s'oblige à être froide, ils s'obligent tous à l'être, ce n'est pas naturel. Cette froideur, il faut la traverser, la transpercer. Chez madame Robillat comme chez toutes les femmes, il y a quelque chose de chaud et de tendre que je peux atteindre en souriant, en la fixant de mes yeux noirs. On peut obtenir la douceur, je le sais depuis l'orphelinat.

La cuisinière du foyer me tire par la main jusqu'à une chambre pour moi seul, au bout des parquets cirés.

Dans cette grosse maison du foyer de la COTRELLE il y a je ne sais pas combien de chambres, de lits. Je dois dormir là, demain je dormirai ailleurs. C'est la nuit, alors je compte sur mes doigts les souvenirs. Je ne sais pas bien ce que sont les hommes, je préfère les femmes, oui. Des hommes, je n'en ai connu qu'un, qui passait tard pour voir ma mère et qui au matin avait disparu. J'ai eu une maman dans une autre vie, toute petite, lointaine et poudrée, comme prise dans une boule à neige. Je compte sur mes doigts les souvenirs. Les gitans derrière chez nous. La caserne et les cours d'immeubles, les pièces de monnaie qu'on me lance, elles tintent, brillantes, parce que j'ai chanté *Nez rouge* encouragé par maman. Et quand je chante *Nez rouge*, la tête dressée vers les plus hautes fenêtres, ma mère est heureuse. Et puis c'est trouble. C'est la nuit, dans la rue. Ma mère n'est pas là, je ne sais pas. Je ne la vois plus dans le noir. Où allais-je donc à cette heure tardive quand un homme aux yeux doux s'est penché vers moi sous un réverbère éteint?

Ma mère ne m'a pas abandonné. Elle m'a négligé. Une voisine jalouse l'a dénoncée aux services de l'enfance pour un amant qu'elles ne voulaient plus se partager.

Pour aller voir tantine Solaire à Villepinte, nous prenions le car bleu. Ses grands yeux gris, pareils à ceux de maman, devenaient méchants si je marchais pieds nus. Solaire retournait les cartes pour lire le bonheur ou le malheur d'une personne en visite. Un beau gitan aux cheveux longs venait le soir allumer un grand feu et jouer de la guitare dans le jardin du cabanon. J'ai toujours pensé qu'il était mon père.

« Mais je ne suis pas ton père », lâchait-il en palpant sa boucle d'or.

Je pataugeais dans le ruisseau à l'ombre d'un soleil brûlant quand maman m'a dit : « On ne fêtera pas tes quatre ans ensemble. Tu vas partir en colonie, notre pays est rempli de petits ruisseaux comme celui-là et tu verras comme c'est beau la mer. »

Mentir avec amour, c'est du talent gâché.

Nous sommes rentrés par le car bleu. Des perles d'eau coulaient sur ses taches de rousseur. Devant le

Sacré-Cœur, maman m'a lâché la main. Elle m'a recommandé de bien tenir celle d'une bonne sœur.

En la quittant sur l'escalier, une douleur m'a traversé la poitrine. Je crois que je n'ai pas pleuré. Sage, j'ai attendu que la mer tombe du ciel dans la cour pavée. Tous les jours, un drapeau bleu blanc rouge flottait sur le toit de la crèche où l'on me disait : «Tu appartiens à la République. Ce drapeau est le tien. Tu es un enfant bleu.»

– Alors, dis-moi, sœur Thérèse, je peux devenir rouge aussi, rouge comme un baiser de maman?

– Oui. C'est exactement ça. Ta mère est morte. Elle est partie au paradis sur un nuage blanc.

– Est-ce que tu m'aimes?

Je demande ça à tout le monde dans la cour pavée.

Pendant les trois premières années de ma vie, rue de la République, à Montreuil, j'ai très peu vécu à la lumière du jour. Le soir descend, cette nuit-là mon ballon de foot part dans les chromes d'une voiture juste avant l'étoile de sang qui laissa à mon front cette cicatrice. La machine à coudre tourne derrière la porte vitrée de la loge de concierge où nous vivons. C'est flou, mais d'un coup je me souviens. Dans le métro, je ne veux pas des wagons verts, je veux le wagon rouge. Je cours, je monte, maman s'essouffle derrière moi, elle dit non, elle me tire vers le wagon d'à côté, les portières se referment sur sa jambe. Elle est blessée et j'ai de la peine. Nous ne passerons pas de la seconde à la première classe, et après ça on nous sépare. Pendant des milliers de jours, je ne reverrai pas maman parce qu'elle est morte. Maintenant c'est la nuit, ici, loin de Paris, et je vais m'endormir.

Au foyer saint-amandois – j'aime bien le mot la COTRELLE –, j'attends. Des inconnus me font des gentillesses. Comme à Paris, à Saint-Vincent-de-Paul où sœur Thérèse était douce. Elle bravait le règlement pour me pendre à son cou et refermer ses bras sur moi, je sentais ses joues, le bout de son nez.

«Non, René, pas : Je vous salue Marie pleine de crasse…» (comme beuglaient les grands au réfectoire) «… non, René : Je vous salue Marie pleine de grâce.» Et elle me soulevait dans ses bras religieux. Je n'entendrai plus les plaintes et les gémissements d'un «bleu» de Saint-Vincent, d'un arrivant au dortoir, sous les veilleuses violettes. Toute cette morve, ces tremblements, ces petits yeux torves noyés d'eau. Je ne pleurniche pas. Je ne veux pas partager les cauchemars et les bruits de la nuit. Au matin, la cuisinière du foyer de Saint-Amand me fait, étonnée :

– Au moins, toi, tu dors bien.

Je lui réclame encore mon image, celle de Jésus que sœur Thérèse m'a donnée à Paris. Et puis je suis devant un autre homme, au bout d'un couloir, monsieur Auffort, le grand directeur. Tout en noir, avec sa pochette jaune. Très grave, tranquille, sec et froid. Pour me parler, il me fixe, et toutes les rides de son front se plissent.

– Je suis désormais ton tuteur, il faudra m'obéir, tu vas rejoindre dès maintenant tes parents nourriciers.

Je sais que je ne suis plus à Denfert. Je ne lui réponds pas. On ne répond pas à monsieur Auffort. Il se penche vers moi.

– Et je te le promets, un jour, tu verras la mer.

Je suis assis sur une table, des sandales aux pieds. À côté de moi, on a posé le trousseau complet de l'Assistance, des vêtements neufs et rêches, culottes courtes, tablier de vichy bleu. Et puis on est partis.

Sur la route, dans la deux-chevaux, la Robillat me fait compter les voitures, un cheval, quatre bicyclettes, sept charrettes… Et ça continue, c'est interminable. On laisse les maisons. Et tout au bout, perdu, enfoui sous le feuillage d'un chemin creux, c'est Le Rondet, chez les Auxiette.

Nous entrons à contre-jour dans la cour de la ferme. Juillet est doré, une ligne vert-de-gris dessine la forêt. Derrière, je pense qu'il y a la mer. Une chienne poussiéreuse sort du tonneau.

— Y a-t-il quelqu'un par ici ?

La chienne hurle.

— Tais-toi, Mirette.

Du lavoir monte une petite femme derrière sa brouette.

— Bon Diou, fait-y chaud, le soleil en a brûlé mes roses.

Elle lâche sa brouette pleine de draps essorés. Les yeux ronds, mal fendus, tellement perçants, et deux nattes en couronne sur la tête. La Robillat me montre de la main.

— Celui-là n'a plus de parents, je vous assure, Simone, ils sont morts.

Quand cette Simone s'avance et se penche pour m'embrasser, je ne veux pas. Je me roule par terre. Mirette aboie, le ciel est gonflé de nuages, je m'accroche à la barrière vermoulue, je ne veux pas de son baiser, je veux ma voiture de pompiers. Je me couche, je n'entrerai pas, la Robillat me tire, me fait mal. Je cherche un mot d'insulte.

Dans la maison, les murs sont marron, ça sent le lait caillé, la cendre froide, il fait frais sur la terre battue et je me calme. Robillat mange ma part de tarte aux cerises. Elle se lèche les doigts. Dehors,

Mirette hurle et les nuages continuent de filer à toute vitesse.

— On est tout de même bien, à la campagne.

Robillat ne me regarde pas, elle lorgne le poulet vidé, prêt à rôtir, la douzaine d'œufs de canes.

— Mais il ne fallait pas, c'est bien trop!

— Prenez-y don', ben dame.

Simone Auxiette me fait rire, ce n'est pas possible de parler si mal. La tête dans mes poings, au fond de la cuisine, je ris. Rire délasse mes inquiétudes.

— Tu vois ben que tu sais rire, c'est ben comprenable. Et pis vont voir les lapins, les chieuvres et la jument, elles sont ben courageuses, les gaillardes.

Vite, la Robillat vide mon trousseau sur la table et fourre ses victuailles dans le carton.

— Vous m'excuserez, je ne reviendrai pas pour la rentrée des classes.

Pressée, avide, elle accepte brusquement les confitures. Simone Auxiette montre un lit près du feu.

— Tu dormiras là avec mon Paul, mon grand à moi.

Sa main presse mon épaule comme si elle craignait que je me sauve vers la cour, les arbres, la mer.

— Tu peux m'appeler m'man.

Sûrement pas, m'man, elle est morte.

— Madame Auxiette, il ne faudra surtout pas vous attacher à lui.

Les poules désenmiettent la table.

Le carillon sonne douze coups dans le silence, la suie, le soleil. Sur la Rosière, mijote un ragoût de volaille. La ferme, plein sud, est faite de pierres, d'un toit ocre, elle domine la vallée des Grives et de Chanteloup. Autour, aucune maison, juste le chemin dans les arbres, du ciel, des buissons, des ruisseaux. Au nord, à l'ouest, les champs de la Grand-Rêve donnent le blé et l'orge. Plus loin, derrière la haie du gros chêne, dans la caillasse, l'avoine a bon goût. Après, à travers la lande, «les taillis de Sidiailles protègent des vents chauds».

– Et après, encore après?

– Après c'est aussi la Grand-Rêve.

– Et après, il y a la mer?

Madame Robillat s'en va avec la confiture, ses œufs, son poulet mort.

Il fait chaud. Elle me met tout nu.

– Arrête tes simagrées.

L'eau est fraîche dans la lessiveuse.

À peine m'a-t-elle séché dans un drap qu'il y a un cri :

– Ho, la Marquise, Majesté, arrrrrêtez don', les fumelles!

Ernest Auxiette entre dans la cour. L'Ernest de la Simone. C'est sale, crotté, la campagne. Je ne suis pas rassuré, je ne suis pas choisi, pas aimé, mais à partir de maintenant il y aura eux, avec ce beau nom d'Auxiette, ni surveillants ni infirmiers, paysans dans leur ferme du Rondet, tout au bout du monde et de l'été 53. Auxiette, métayers en Berry pour monsieur le comte de la Rochefoucault. Je ne sais pas pourquoi je suis là, pourquoi ils me prennent, ils me gardent. On ne me demande rien. Je ne comprends pas, mais je sens des choses. Ils ont des mains incroyables. Des yeux tellement simples. Je les aime ou je ne les aime pas, mais je sens le sifflement dans les vieux chênes, l'herbe sèche et les gémissements de la chienne autour de son tonneau. Leur vie va continuer avec moi. Leur force, ce n'est toujours pas de l'amour, mais c'est quelque chose, enfin. Sans un mot, ils font une place personnelle à René Villard. Il est midi, les blés bougent, il fait si chaud que le soleil en a brûlé les roses et l'Ernest descend de sa charrette au milieu de la cour.

Ses dents grincent, il passe un mouchoir plein de terre dans son cou. Hop là, il lance sa casquette et la rattrape. Il est si grand dans le soleil.

– C'est un gars, c'est ben mieux pour les bouhoumes de nous autres. Et la poison de Robillat, elle est encor' partie pour s'en mettrre plein la lampe!

Paul, le fils, plonge ses mains dans la cuvette savonneuse. Les deux hommes laissent leurs sabots sur la dalle de grès et se mettent à table pieds nus.

– Tu peux m'appeler Mône au lieu de Simone. On en a déjà élevé six, des comme toé.

Elle glisse un paillasson sur ma chaise trop basse. Nénesse se plaint, avec des mots pareils à des patates chaudes qui lui brûleraient le palais.

– Je t'en foutrais ben, moé, de l'ordre et de la discipline, tas de feignants et ces taulards en grade de fonctionnaires.

Soudain ses dents ne grincent plus, il réfléchit.

– J'ons point le droit de nous attacher à toé. Comment qu'c'est que je vons t'appeler? On dit la Mône pour désigner la mère, Nénesse c'est moé, et le Fadet c'est l'Paul.

– C'est quoi, un fadet?

Des mouches, il y en a partout, celles qui volent et celles qui ne bougent plus sur le ruban qui pend à la poutre. Leurs chiures piquent toute la toile cirée et même le carillon.

– Ça fait une bouche de plus à nourrir, un chti pareil.

Nénesse coupe une tranche de pain blanc et me la tend. Avant, il a tourné la miche et l'a signée du bout de son canif. Je leur dis que toutes les mouches ont l'air de venir de l'écurie, c'est les casseroles qui les attirent. Paul en écrase une dans ses mains et la gobe. Nénesse rote. Et Mône ne dit plus rien.

– J'vons ben dormir une heure pour m'en déuser. Et pis d'abord t'iras glaner avec les femmes pour devenir un homme.

Fadet m'entraîne dans la grange pour une sieste obligée. Ça sent bon le foin. Et je dors d'un coup, sans rêve, jusqu'au lendemain.

Neuf heures sonnent.

Je me réveille sous les grappes d'ail et d'oignon tressés. Je bois du miel dans du lait chaud. Je veux tout voir, tout posséder. À qui sont les nids collés aux poutres des écuries ? Je deviens gardien de chèvres, de vaches, de cochons sur des prairies vallonnées. Sous les ronces, j'ai trouvé une herse, je l'ai tirée tout seul, sortie de l'herbe, frottée, pour le plaisir d'avoir à moi une carcasse de fer. C'est l'été et j'apprends le nom des outils, la faux, le dard, la pioche, vite je reconnais tout dans la ferme. Je vais avoir sept ans, je tue le temps. Je reconnais les tiges de ciboulette au bord des chemins et les insectes sur l'ail entre les poutres au-dessus de mon lit. Ce premier été vert et jaune ne fanera jamais. L'été des Auxiette.

En plein soleil, je marche avec du vin gris dans ma musette pour le porter aux bouhommes, ils me disent : «Va dormir à l'ombre, petit René». Quand neuf heures sonnent au carillon et me réveillent, ils me trouvent «pas ben courageux».

Fouiller les ronces. Décrocher les pommes. Remuer la paille. Personne ne me décourage.

«Fais seulement attention à tes sandales.»

La Mône a apporté le panier de cochonnailles. On casse la croûte. Sur mon gâteau d'anniversaire, ils plantent sept brins de pailles qui prennent feu sous les bravos des moissonneurs. Ils trinquent au goulot le vin gris, bien frais, que j'ai sorti de la rivière. «Vingt dieux, fait-y chaud.» Puis les hommes crachent dans leurs mains avant de reprendre leurs fourches. Moi, je glane les épis dans la poussière. La chaleur sort de terre. Les meules, comme de petites églises, tremblent sur les coteaux de la Grand-Rêve.

Les hommes, sans arrêt, répètent le même effort au pied de la machine. Nénesse et le Fadet forment les moyettes de treize gerbes en croix. Et le Nénesse, tout l'après-midi, chante la même chanson, en mouchant noir, toujours grinçant :

*Rossignol, Rossignol de mes amours
quand la lune brillera...*

– Ben, elle va bientôt briller, la lune, crie la Mône.

Un vent doux passe, sans même caresser nos traits tirés. Au milieu de la cour, le gerbier se dresse en forme de cône. Doucement il monte. Chacun met sa force, son cœur, à le bâtir. Quand les dernières fourchées auront été hissées, l'ombre de la meule rafraîchira la maison.

À la fin, au milieu de la cour, je grimpe dessus planter l'épouvantail. Jamais il n'empêchera les oiseaux de se gaver du fruit de la moisson.

Impossible de m'envoyer me coucher. Le soir, j'aime voir la lune transpercer les feuillages métalliques. D'un coup, la journée s'arrête, elle s'évanouit avant de recommencer le lendemain dans les tiges d'or semées sur le chemin. La terre est ma maison, grande comme la main, avec la vibration du monde.

À trois minutes de marche du Rondet vit notre première voisine, la folle. Louise Champais habite La Ferrolle, une fermette en ruine sur un enclos étroit. «Va don' voir si elle est encore vivante et reviens vite me dire si elle est morte.» Mône me donne du fromage et des pommes pour l'octogénaire.

«Tu vas tout droit et à travers la vigne. La vieille Berrichone a la berlot, elle vit toute seule, là, dans les broussailles.»

Je la vois, brandissant sa perche immense en injuriant le ciel. Soudain, la Louise vient vers moi, suivie par une ribambelle de chats. De sa robe noire dépassent des jupons, les oreillons de sa coiffe en coton plissé pendent sous un fichu noué.

– Comment que c'est qu'on t'appelle, toé ?

– Je suis René, le nouveau garçon des Auxiette. Simone m'a donné ça pour vous.

– … T'as le même nom que çui de mon homme qui va revenir un de ces jours.

Dans les clapiers, ses lapins étouffent en plein soleil. Mais je viens souvent, les chèvres se garderont bien toutes seules. Elle me plaît, j'aime la vie qui est passée en elle, les années noir et or entassées dans ses yeux. Sa bouche crache les mots, tête basse vers le sol, tête haute vers le ciel. Ses mains se tordent sur ses guenilles. Quand elle m'aperçoit, la Louise sort de son tiroir deux cartes postales jaunies qui la font trembler. « Vois-tu, petit René, c'est tout ce qui me reste de mon mari. Je n'ai connu qu'un homme, Julien, je l'aimais. »

C'est la première fois que j'entends ce mot. Aimer. Je la regarde s'en aller dans ses cartes postales. René ou Julien, elle ne sait plus, la vieille. Maintenant Louise Champais fréquente les sorciers, les farfadets, les elfes qui vivent autour de la mare. René ou Julien Champais est toujours à la guerre, la

Grande, parti en 14, il y est encore, et brandissant sa perche la Louise l'attend.

Ce matin, Mône n'est pas commode. J'ai fait un gros mensonge, elle n'aime pas ça. On ne ment pas chez les Auxiette. Moi, j'ai besoin d'inventer. De dire des histoires qui n'existent pas, ça change, et aussitôt les gens s'intéressent à moi. Ce matin, je lui ai dit : « La Louise est morte. » Elle est allée voir, elle a marché vite, essoufflée. Sur le pas de sa porte, la Louise faisait un panier, habillée comme en hiver.

– Qu'il est chti.

Mône attrape le martinet, derrière la maie. Elle ne me frappe pas, mais elle a les larmes aux yeux, blessée.

– Sale avorton.

Eté comme hiver, Nénesse injurie sa terre. L'hiver, «Elle est gorgée d'eau, elle t'colle aux sabots», l'été, «C'te saleté desséchée t'empêche de respirer». Bientôt on battra le grain, l'an dernier les Auxiette étaient passés les derniers, cette année ils seront les premiers. Telle est la coutume de l'entraide. Chacun vient des alentours prêter la main, sans ménager sa peine, autour de la locomobile à charbon. Elle sera tirée par quatre bœufs.

Je l'attends. Je trépigne. La batteuse, au Rondet, c'est l'événement de l'année.

– Pas question d'une machine moderne qui égrène mal et casse le grain, m'apprend Nénesse. Cheux nous autres, on bat et festine encore à l'ancienne pour un petit bénéfice, à moins que môsieur le baron, not' propriétaire, débarque pour manger l'tout.

La veille de l'événement arrive le facteur, dit le Fonctionnaire, et une ribambelle de femmes en blouse avec des poils aux jambes et sous les bras nus. La Jaquette, épouse Jacquet. Marie Poignaud, dite la Poignaude. Hortense, voluptueuse rousse et célibataire, surnommée l'Enrhumée pour aller souvent se coucher avec un homme dans une bouchure. La Guimbarde, qui boite. La Grousse, toute en chair. Il paraît que la Grandjean ne donne que de l'eau et des tartines de moutarde à son mari qui est revenu de la guerre de 14 les jambes broyées par un tank. Elle ne nie pas : «Mauvaiseté, qu'elle dit, puisqu'y sert plus à rin.»

Ce soir, y aura de la sanguette. On tranche le cou des poulets, leur sang gicle dans une poêlée d'oignon. Et il faut manger ça avec un bout de cochon et du fromage. Moi non, merci. Simone rit de me voir pleurer pour le poulet. Elle sort des trésors de son armoire.

— Quand l'ouvrage sera fini, y z'auront le droit de souper sur mes draps blancs et brodés…

Les femmes vont, viennent, parlent toutes en même temps et ébouriffent mes cheveux en traversant la cour. C'est comme Noël, en été. On a dressé les tréteaux sous l'auvent. «Oh, misère de misère», dit l'Enrhumée, qui court en tenant deux canards par les pattes. Les plumes volent.

— Est-ce qu'on les ébouillante ?

Mône se redresse.

– Ah ça non, par exemple, j'veux point qu'on dise que chez moi on mange du carton.

Le sang, les sursauts, le cou mort des volailles battant dans les jupes, me pétrifient.

Une oie sans tête cavale vers la mare boueuse.

Tous ces gens nouveaux s'affairent de la cour à la grange, du matin au soir, et même après que la nuit est tombée. Ils attendent, alors moi aussi. Longtemps. D'abord on entend le sabot des bœufs racler la terre, leurs gros souffles à travers la pénombre, et soudain, lentement, à la lueur des lanternes, la locomobile entre dans la cour. Gigantesque. Orange. Avec les deux mécanocioneux, le vieux et le jeune, le propriétaire et Baptiste. Baptiste me fait un signe. Je le suis des yeux quand il entre dans la lumière de l'ampoule, pas gras, pas rouge, souple, ses muscles tendus sous sa peau dorée. Il est fort, le Baptiste. Il y a un grand silence. C'est lui qui met la machine en marche à la lueur des falots. Et quand l'engin tremble, Baptiste chante une chanson à la mode :

> *Une jolie fleur dans une peau de vache,*
> *Une jolie vache déguisée en fleur,*
> *Qui fait la belle et qui vous attache.*

Il sourit, les dent blanches, au ronron de la machine.

— Continue, arrête pas de la chauffer.

Les hommes respectent la locomobile. Moi aussi. Faut pas qu'elle s'emballe ni qu'elle s'arrête. Capricieuse, parfois, elle crache un jet de charbon brûlé. Le Baptiste crie : «Ça casse point, ces machines. Elle en battra encore, du grain, j'serons mort et toi aussi.» Le moteur couvre ses paroles. Les balles de blé me piquent les yeux.

— C'est point à Paris qu'tu verras des affairres pareilles, me glisse le vieux.

Je fais le tour de la locomobile, sans la toucher. Sur le pas de la porte, les hommes prisent du tabac et reniflent comme des cochons. Ils prévoient le temps qu'il fera demain en observant les étoiles. Puis ils vont dormir dans le foin, et moi, avec Paul, dans mon lit.

Demain, je suis fier, j'irai leur porter la chopine. Saint-Vincent-de-Paul est loin.

C'est l'aube. Je me dresse. Depuis mon lit, les yeux grands ouverts, je vois Nénessse en chemise et la Mône l'enrouler dans sa longue ceinture de flanelle.

— Tiens-la bien en largeur et tire. Lâche.

Il inspecte le ciel.

– Il fait un temps à laisser crever les boit-sans-soif.

– Laisse-les boire que de l'eau, crie Célestin à son apprenti de Baptiste.

Le soleil se lève, la bande des hommes ensabottés apparaît. Martin, dit Traîne-Bouchure, Albert le Gascon, Clément le Braconneux, Jacquet, surnommé Topinambour pour son visage criblé de grosses verrues. Leurs surnoms leur ressemblent. Maurice le Coureux, qui se vantait de bonne heure d'aimer sortir les filles ; le Panseux Jean Urtin et ses talents de guérisseur ; Joseph, dit la Biaude, parce qu'il porte la blouse du même nom. Ils se chamaillent à propos de leurs terres, chacun prétendant posséder la meilleure. Mais sans se fâcher : c'est l'entraide. La chaîne attaque le gerbier, aussi haut qu'une église, la machine avale et crache. Un nuage de paille couvre le ciel. Je reste à l'affût : si un homme s'éponge le front ou mouille ses lèvres, d'un bond, je vais lui tendre ma chopine en égouttant bien le verre chaque fois, et je connais le plaisir de n'essuyer aucun refus.

À dix heures, tout s'arrête, pour chabrot.

– Y en aura pour tout le monde, allez, venez donc manger un bout au lieu de discutailler.

Mône, elle est gaie, c'est la meilleure nourrice de la région. Je ne mange que les oignons, je regarde le soleil monter en clignant des yeux. Baptiste pend sa chemise à la locomobile. Je compte douze, treize, dix-huit gerbes qui passent de main en main, je chasse quatre, douze, vingt-trois mouches, la poussière vole, je tends bien droit ma chopine, en cachette je lance la peau de canard à Mirette. Les gerbes filent à la vitesse de petits éclairs, mais je dis à la Mône que, le gerbier, il ne descend pas vite. Elle rit, les yeux écarquillés. Heureuse et fofolle, comme ma maman quand je chantais *Nez Rouge* dans la cour des immeubles.

Martin s'est mis à crier au pied du tas, d'une voix effrayante. Tout s'arrête. J'ai failli lâcher la chopine.

– Ôtez-vous de là, filles du diable… Apportez vite de l'eau bouillante.

Je m'approche, mais on m'écarte. Un nœud de vipères grises, la tête bosselée d'un fil jaune, siffle sous le dernier rang de gerbes aplaties.

– Tue-moi cette mauvaiseté qui pue la mort !

Célestin fait la moue en tournant sa moustache et tranche d'un coup de pelle le nid visqueux. Les épouses, Biodette, la Gasconne, l'Hurtine, arrivent trop tard avec un seau d'eau bouillante. On grille les serpents dans le charbon brûlant de la locomobile.

Par sainte Solange !

Les femmes se signent.

Les hommes soupirent.
Et la batteuse repart.

C'est fini. Le bruit s'arrête avec la machine. Les hommes soulèvent leurs casquettes dans le silence qui tombe. Près du puits, ils s'essuient les mains dans un demi-drap en lambeaux.

Je ne tiens plus debout. Pourquoi je ne suis pas fort comme un homme ? Je veux devenir tenace. Partager le labeur, peiner. Tenir les manches, les fourches. Faire voler les gerbes toute la sainte journée. Mes yeux se ferment. Nénesse cesse de grincer des dents en me toisant.

— Que le soleil ne se couche pas sur ta colère. Allez, vas-y donc dormir.

C'est un homme taciturne et il peut même devenir sévère. À cause du froid, de la pluie, des coups de chaleur, un paysan ne cède jamais aux sentiments. Nénesse peut rester des jours sans me parler, et un après-midi s'approcher de moi pour me causer. Alors, je l'écoute, le nez levé vers lui.

— Viens-t'en voir les juments nous dire si l'avoine est bonne, il faut bien qu'on travaille quand les autres s'amusent. Un de ces jours, j'te lirai les histoires d'un livre qui raconte ceux de chez nous. Dans les veillées d'hiver, on chante, on lit, on fait des paniers, on joue à la manille, mais vois-tu, petit René, espèce de citoyen, il faut travailler dur pour manger du pain. Ça y est, j'ai trouvé, je vons t'appeler citoyen.

À l'écurie, l'odeur de l'avoine nouvelle annonce les labours. Les juments mâchent sans bruit, mais les dents du Nénesse grincent toujours.

– À l'école, faudra bien tout apprendre pour avoir de l'instruction. Nous autres sommes des métayers, que le pain m'étouffe si je mens, on ne possède rien, à part quelques bosselées de vignes qui me viennent de mon défunt père, comprends-tu, citoyen?

La batteuse, c'est terminé. Au soir, les hommes mettent les femmes dans les brouettes. Le premier arrivé au balou aura le droit de bicher l'autre. Mône encourage l'Amélie.

– Mais reste pas les pieds dans le même sabot, l'Amélie, fais don' comme moé!

L'Amélie mène la course, ses jambes fines au fond d'un sac. Avec de lestes soubresauts, elle arrive la première.

– Elle a du nerf, biche-la don' quand même.

Mône veut marier son Fadet maintenant qu'il a passé trente ans. Le linge qu'elle sort les soirs de battage, elle rêve de le dresser pour des noces. La journée a été rude, au soleil, et maintenant, presque alanguie, elle devient douce. La lumière jaunit sur la grange. Mône lance son beau linge sur les tréteaux. Du linge pur qui sent bon. Sa main lisse les plis, pleine du doux plaisir d'une tablée bien mise.

Je veux m'asseoir à côté de Baptiste, parce qu'il est beau.

L'entraide prend place, séparée en deux clans : les hommes à un bout de la table, les femmes à l'autre. Juste avant, on a jeté une poignée du blé nouveau sur les draps blancs, par sainte Solange, par saint Blaise. Ils disent que j'ai été ben courageux de veiller aux amours de la chopine. Pour la soupe au vin, ils soulèvent les assiettes jusqu'à leur moustache.

– C'est toujours ça que les Boches mangeront point. Viens-t'en, Baptiste, face de cambouis, faut dépouiller, les bœufs s'impatientent. Vous battez pas demain, vous, bande de gnôleux.

– On n'a pas besoin de Chleuhs pour nous apporter de la misère. Moi, j'en ai un cousin qu'a marié une drôlesse au Texas, à présent l'est américain.

La locomobile couvre leurs voix en s'éloignant sur le chemin. Et Baptiste s'en va.

– J'les ai vus, moé, les Américains, à Saint-Amand, y z'ont rin pu faire comme nous autes. On était pourtant pas des soldats de plomb et le Maréchal non pu. T'es jeunot, Martin, et moi j'ai fait deux guerres. Tu verras, un de ces jours, y nous l'feront payer, les Américains, y nous en feront bouffer, des pilules enrobées dans du plastique, pour avoir signé l'armistice trop tôt.

Marie la Gasconne se mêle de la conversation, comme un homme.

– Depuis qu'y ont tué Jaurès, y en a pas un pour racheter l'autre de tous ces gouverneux. Soustelle, Mollet, Pinay, tout le tremblement… C'est rin que des comédiens. Avec des tas de feignants qui suivent derrière.

– Tais-toi don', c'est point un discours que doit tenir une femme.

Le facteur sort sa vielle. L'engin grince.

La musique monte jusqu'aux poutres. Amélie s'endort sur l'épaule de Fadet. Levant son verre, Nénesse rugit : « C'est de Gaulle qui nous faut. » Et, plein d'aplomb, il chante :

J'ai deux amours, mon pays et Paris.
Le revoir un jour, c'est mon rêve joli.

Quand il chante, ses dents ne grincent plus.

Ce qui m'ensorcelle, c'est Paris,
Paris tout entier.

Au soir des battages, les Auxiette ramènent leurs hôtes jusqu'à Bagneux, à quatre kilomètres. Nous marchons dans la nuit. Loin devant, le Fadet a pris l'Amélie par la taille. Derrière les arbres et les bouchures, il y a les rêves et les songes. La chemise des hommes forme des halos plus pâles que les lanternes. Demain, ce sera pareil. Le temps passe sur les moissons. On n'a pas le temps de s'attacher. Les sabots raclent le chemin, et moi, mes petites sandales ne font aucun bruit. Je voudrais faire du bruit avec mes pieds, comme eux. Fadet va s'en aller rendre la pièce au batteux, aux Noisilles, à La Presles, et dans tous les gerbiers alentour. Là-bas, sa chemise s'est penchée, il enlace l'Amélie. Ils commencent à s'aimer peut-être. Simone les scrute de ses yeux fendus. J'aime quand le Fadet est nerveux à l'intérieur de lui, c'est mon grand frère maintenant, presque. L'été, la nuit n'est jamais noire, on s'habitue et on voit. Les hommes et les femmes parlent tout bas, on n'entend plus qu'un murmure et leur marche molle qui lance plein de petits bruits dans l'air.

— Des martes et des fades traînent par ici dans la lande.

Je sais ce que c'est. Mône m'a dit : «Au-dessus des eaux, les martes ont de grands corps de femmes, sans visage.» Les fades, elles, se logent partout. Quand un nœud dans le bois, une écorce, une souche ou la brume prennent forme humaine, c'est une fade.

– Je les ai entendues, moi, j'ai ben trouvé le moyen de m'en sauver à temps.

La voix du facteur pétoche.

– Je les ai vues tournoyer dans les brumes du lac, les Dames Blanches, c'était au sortir du bal à Saint-Maur. Y en avait, y en avait, je peux pas vous dire combien y en avait et pas moyen de leur résister.

Avant de partir, Baptiste m'a dit un secret : il ne faut pas marcher dans les flaques, ça porte malheur. «Saute plutôt par-d'ssus pour garder la chance.»

Je me souviendrai de tout.

– On en dit ben des choses, va…

Doucement, Mône me pousse : «Avance don' sinon Marie Besnard l'empoisonneuse aura le temps de te jeter un sort avant qu'on lui tranche la tête.»

Je n'ai pas peur de Marie Besnard. Je n'ai pas peur des fades, des martes et des Dames Blanches. J'avance un peu au hasard, rassuré par le claquement des sabots.

Sur une branche, une chouette blanche aux oreilles de chat se déplie et fait un tour, avant de revenir face à moi. Deux bougies vacillent au fond de ses yeux, elle lâche sa plainte pointue. Mône me prend la main.

– N'aie pas peur. Si le diable mourait, tu n'hérite-rais pas de ses cornes. La birette est très utile, les gens ont tort de l'exterminer avec leurs croyances aussi vieilles qu'Hérode, elle est finaude, la chevêche.

Nénesse, lui, parle du loup : «Pourquoi nous sacrifier comme des chiens, alors que nous sommes devenus des loups? Nous l'avons massacré pour lui emprunter ses mœurs et violer son territoire. Le loup est sorti du cercle terrestre et c'est lui qui reviendra pour nous sauver de nos superstitions d'imbéciles heureux.»

Je ne comprends pas.

Ça ne fait rien.

Ce n'est pas le regard d'un père ou d'une mère, pas vraiment, le regard des Auxiette, encore que leurs yeux ont la simplicité d'aimer. Ce n'est plus la peine, comme à Paris, de conquérir une attention, un regard, de le plier à soi, de vouloir le rendre fou d'inquiétude ou de chagrin comme savent faire les enfants. Avec les Auxiette, je ne me pose plus de questions. Pas généreux, pas doux, pas disponibles, ils donnent ce qu'ils ont. Ils n'y regardent pas, ça vient avec le reste. C'est comme ça. «J'ons point les moyens d'ête généreux.» Ça tombe bien, moi non plus. Ils sont comme les arbres que j'ai connus chez eux, et puis je les ai oubliés.

Leur amour n'est pas distinct de la vie, de la ferme, des haies de la Grand-Rêve. Je ne suis jamais entré dans leur chambre à coucher. Mais ils ont nourri mon cœur comme un veau.

On n'est jamais tout à fait tranquille quand on est orphelin. Jamais limpide. On ment, on invente. La chance des Auxiette, c'est que tout ce qu'ils me disent est franc, tout ce qui arrive est véritable. Même les fées, même les monstres, flottant sous la forêt.

Tout est vrai.

Et puis, un jour, Nénesse m'offre des sabots. Beaux, ronds, gravés de mes initiales, R. V., garnis de deux épis croisés. Un matin, il s'amène et il dit :

– Tiens, prends-en soin, je les ai payés de ma poche.

D'un coup, ses épaules se courbent et il dépose la paire devant moi. Je les imaginais lourds, ils sont légers à mes pieds nus. On peut me nourrir, me frotter, me donner de quoi dormir, chanter, boire, mais, les chaussures, il faut les prendre sur le pécule. Chaussures, sabots, c'est de l'argent. Les sabots, ça se paye. Et le Nénesse, pour ma première rentrée à l'école, il me rapporte des sabots vernis.

Je ne sais pas recevoir, dire merci.

Nénesse s'est tourné vers la Mône.

– Le paillerau est passé ce matin, pas moyen de vendre une seule peau de lapin, sont tous péris de la myxomatose.

On les a enterrés sous les débris du balou.

La fin d'été est solitaire. À la lisière des bois de Sidiailles, la journée passe à cueillir des mûres et à rebaptiser les chèvres : Chevrette, Cabriole, Clairette... Aux labours, les terres deviennent sanguines, rouille, anthracite selon les jours. Parfois les vents soufflent des balbutiements. Quand le soc de la charrue cogne contre la roche, le choc résonne à travers la campagne. Nénesse n'a pas voulu que je l'accompagne chez le maréchal-ferrant de Saint-Saturnin. Le temps est triste, les jours plus courts. Fâché, je suis monté au grenier. Il n'y a rien là-haut, sauf une malle. Des robes et des habits d'enfants. Je me parle tout seul sur un tas de blé. Je me raconte des histoires en triturant les étoiles jaunes cousues sur les vêtements. Depuis la lucarne, les Grives labourées ressemblent à de l'émail, et Chanteloup, à un étang asséché avec des milliers de cailloux blancs comme autant de poissons morts. Au grenier, il n'y a plus de trésors à découvrir, quelques clapets empoisonnés traînent au bas des solivets. En descendant de l'échelle, le vertige m'étourdit.
Je m'ennuie.

Le soir amène le froid. Demain, c'est le grand jour. Nénesse ratisse le feu et fixe sa montre à gousset.

– J'ai des nouvelles. François Mitterrand a démissionné du gouvernement Laniel à cause d'une sale histoire en Afrique du Nord. Ben dame, pauv' feignants, pauv' France, qui que tu nourris ? Le blé ne paye même plus la semence. Ils n'ont plus que le nom de Louison Bobet à la bouche.

Il n'est pas revenu seulement avec des sabots de chez le maréchal-ferrant. Emballés dans du papier bleu, il y a aussi un cartable de cuir brun, avec deux sacoches, aux coutures fines, des crayons de couleur, trois livres en location, trois rouleaux de tue-mouche, la partition de *Parlez-moi d'amour*, du saucisson à l'ail, et un plumier en bois de charme ciré.

Devant mon cartable, je ne comprends pas pourquoi ils sont émus.

Pour aller en classe, fraîchement toiletté, il faut quitter le Rondet à la pique du jour. Zigzaguer sur le chemin pour éviter les flaques assombries par les grands châtaigniers. Nous grimpons la pente des prairies, parsemées de moutons et de charolais. La Mône ne dit trop rien.

– Faudra point me faire de mauvais sang.

À la croix de Pierre-de-Bagneux, la mère La Montagne nous attend, debout, en allaitant le dernier de ses treize enfants, blotti contre son ventre en ballon qui annonce le quatorzième. C'est avec eux que je finirai le chemin de l'école.

– Fait un vent, ce matin, à décorner les cocus.

Môme remercie, gênée, en tortillant ses nattes.

– Allez, font point traîner. Voilà que ce vent fou nous ramène l'angélus. Je serai là ce soir, si tu me reviens.

Elle me regarde partir, longtemps, au bord de la route.

L'aîné des La Montagne, Gérard, avec le duvet au menton, entraîne mon cartable et mes sanglots sur les quatre kilomètres de goudron. Il crie : «Vive les vacances!» jusqu'à Saint-Saturnin. Derrière suivent les filles, en galoche, les filles et leurs conciliabules. Gare à celui qui nous double à vélo, le long du cimetière.

Sous les coups d'enclume, Saint-Saturnin sent le crottin et la corne brûlée. Devant le monument aux morts et son poilu couvert de chiantes, la Robillat m'attend. Tout de suite, j'éprouve un sentiment d'infériorité en la voyant regrouper les orphelins, stoïques, avec le même tablier noir à liseré orange.

– Eh bien, mon 764, tu pousses comme un haricot.

Elle ne dit pas bonjour et veille à ce que mon matricule pende bien à mon cou.

Charles Blum, l'instituteur, est rond avec un bouc argenté. Dans la cour de l'école, surplombant le village, son premier mot exige la tenue correcte. Puis il rend hommage à Jules Ferry avant de jouer *Le Temps des cerises* sur son violon, en guise de bienvenue. Robillat se distingue des mères de famille en blouse, avec sa coiffure auburn et son tailleur vert pré. J'aime les femmes bien coiffées, mais je n'aime pas la Robillat. Trois sourires avant de s'en aller, sans un au revoir, vers les fermes pleines de victuailles premier choix. Elle est pressée d'échanger son silence contre de la bonne bouffe. Elle n'a même pas remarqué mes sabots vernis.

Madame Blum a le corps souple, assoiffé. Mais il ne faut pas dire « madame Blum », par respect pour l'ex-président du Conseil, elle ne veut pas. Il faut dire « maîtresse », ou, exceptionnellement, « Gisèle ». Le rose de ses ongles et de son rouge à lèvres embaume la classe. Les nouveaux venus se placent dans la rangée près des cartes de France et d'Aquitaine. D'un bras alangui, le regard velouté, la maîtresse désigne qui a des poux ou les doigts tachés d'encre. Elle m'appelle par mon prénom – René – et je peux l'appeler par le sien.

– Où est ta maman, René ?

– Elle est au Rondet, Gisèle.

– Mais non, la vraie, et ton père, sais-tu ?

– Je ne sais plus, Gisèle.

Chaque jour, elle y revient. Chaque jour, je ne sais pas. Elle insiste, je ne sais plus. Ses grands yeux séducteurs apaisent mes secousses d'orphelin. Je n'ai rien à craindre, je vais et je reviens, sans retard, mes devoirs accomplis. Mais à l'école les autres ne portent plus de sabots, ils ont des chaussures du bourrelier. Les sabots, c'est bon pour la ferme, la bouse. La honte. La rage, la faute, l'erreur, me traversent le corps. Je m'en retourne furieux. Les sabots du Nénesse ne peuvent pas franchir la cour du Rondet.

Le soleil se couche sur ma colère.

Il faut savoir se taire et il faut savoir se débrouiller. Changer un sabot pour une chaussure. Quand la Mône va au marché, vendre, acheter, elle prend toujours une heure pour une course, une lettre à la poste, et me laisse à l'étal au milieu de la place.

Elle croit que je l'attends sans rien faire, mais, à peine a-t-elle tourné le dos, je vends des escargots, des petits-gris ramassés au bord des fossés. J'en ai un plein sac, la Mône ne s'en est même pas aperçue. Mes escargots. Petite coquille, petites piécettes.

– En voulez-vous ? Non, ne prenez pas d'œufs, ils ont pris le soleil. Prenez plutôt des escargots, ils sortent de la rosée du matin.

L'argent s'accumule, un sou puis un autre, l'argent gonfle jusqu'à former une petite masse équivalente à une paire de chaussures. Le bourrelier m'en fait une paire. Sur le chemin de l'école, je cache les sabots du Nénesse dans le fossé et je finis en chaussures. Le soir, j'inverse. Jusqu'au jour où le facteur, un mouchard, leur dit que je ne vais plus à l'école en sabots. C'est comme si leur cœur s'arrêtait, comme si la foudre tombait sur eux, ils me dévorent des yeux, une force mauvaise m'a changé, m'a emporté loin d'eux, les laissant stupéfaits et désarmés. Me frapper, jamais. La main de la Mône ne peut que montrer le martinet, derrière la maie. Longtemps, ils penseront que j'ai volé les chaussures ou l'argent, que le petit commerce d'escargots était un gros mensonge. Mais non, j'ai vendu les petits-gris pour aller à l'école en chaussures. Ça fait trois ou quatre mois que je suis là, je grandis, ma Mône.

Les vendanges tardives clairsèment les bancs de l'école, on garde les enfants dans les vignes. Autour de Célestin, le bouilleux de Châteaumeillant, et de son alambic, les hommes deviennent bizarres, avec les yeux renversés. Nénesse a toujours les dents qui grincent. Rien ne change chez les paysans, mais rien ne va jamais bien. Quand Nénesse reparle du loup, à l'orée des forêts, c'est mauvais signe.

— Nous, nous croyons aux fées, au merveilleux, nous croyons à ce que nous décidons de croire!

Du coup, ça va mieux. Le soir, après avoir curé les étables et fini sa soupe grasse, il lit à qui veut l'entendre *Don Quichotte*. Son maître. Et George Sand, sa fée. «Il y a peu de pensées, mais elles sont tenaces.»

Ce soir-là, Fadet, fourbu, dit qu'il veut épouser Amélie.

— Par sainte Solange, enfin! crie la Mône. Que Dieu l'entende.

Le Nénesse n'interrompt pas sa lecture. Après, solennellement, il sort la clé de sa cave.

— Ça oui, j'aurais ben aimé travailler seulement ma vigne et pouvoir marier une femme comme l'Amélie.

— Espèce de vieux saloupiaud, depuis le temps que j't'endure! fait la Mône.

Quand on rit dans la maison, la chienne aboie au dehors. Ce soir, Nénesse ne coupe pas le vin dans mon verre avec de l'eau.

Ça veut dire que je deviens un homme.

Plus personne ne passe au Rondet maintenant. Je rapporte le pain et un peu de courrier. La boue a pris la cour, les chemins ne sont plus praticables, tout s'embourbe. Seuls les tréteaux des arbres surgissent dans le crépuscule. Je me lave moins. Ma cape me démange, mon trousseau est mal fourni en vêtements d'hiver. Sans arrêt il faut remonter les bas de laine, garder ses mitaines confectionnées par la gentille mère La Montagne. Demain, il n'y aura peut-être pas de pain. La saison morte rafraîchit les haies et éteint la clarté au creux des chemins. En sourdine, la meule nous impose le bruit de l'aiguisage. C'est le temps des grands feux aussi. La campagne se couvre de stères, sous un ciel laiteux montent des champignons de fumée. On entend pleurer les arbres qu'on abat.

En fin d'automne, il n'y a plus de règles bien rigoureuses. Le labeur se fait selon le temps. Simone m'ordonne d'avaler un demi-bol de miel dans du lait brûlant.

Je suis à l'école buissonnière. Trop de brumes pourraient me perdre dans les chemins creux. Fadet a cloué mes sabots, bientôt la mare gèlera. Sous le vol continu d'un épervier, j'apprends à tresser un fagot en tournicotant un lien de bois jeune.

Il neige – «la barbe du bon Dieu» –, j'ai mis mes chaussons dans mes sabots. Un gel d'azur brûle l'automne. Les prairies paraissent plus petites entre les haies givrées. L'hiver met la terre sous la terre. On va au lit sans se moucher. La campagne, intime et cloisonnée, devient une grosse maison muette, la neige ajoute du vide dans les buissons. Maintenant, je sais que je n'ai pas de pays natal. Au petit matin, on dirait que le soleil se recouche.

Vers Noël, Pervenche Blancheteau arrive pour passer trois mois chez la Mône, sa fille cadette. N'ayant jamais osé franchir le seuil de la chambre à coucher, je me demande où l'octogénaire peut bien dormir : avec eux? Elle est folle et ça me plaît. La névralgie lui a tourné la tête. Mône m'a dit : «Elle vit au creux de sa jeunesse.»

Moi, je la trouve belle, partie sous la coiffe carrée chère aux femmes de la contrée de La Châtre. Avec sa longue robe de drap noir, un châle de laine qu'elle remonte sans cesse sur la pointe de ses épaules. Des besognes révolues tournoient dans sa tête, derrière ses yeux figés. Elle veut aller à la farine jusqu'au moulin foulé, faire un tour au bal à Linières, à la fête des Thiaulin pour le mois d'août. Elle yoyotte. «C'est ça! fait la Mône. Va traîner à vingt kilomètres dans la neige. Tu sais ben que t'es usée. Mange ta soupe. J'vons point t'empoisonner, le chou est bon pour ta cervelle mal éveillée.»

Moi, une folle, ça me calme. Pervenche s'affaire, arrive, repart, prépare de grands voyages – sans arrêt elle vide sa valise sur le sol de terre battue –, peste en cherchant sa quenouille pour filer le chanvre. Et tout finit dans le raclement d'une chaise qu'elle approche de la cuisinière avant de s'endormir dans l'obscurité.

– N'te tins pas si près du feu. Tu vas me forcer la mort.

– On ne crie pas après une jeune fille comme moi.

Face à sa fille, Pervenche lutte toujours un moment avant de glisser en enfance, le bleu de ses yeux devient brûlé, ses hochements de tête saccadés, et puis plus rien, sa main remonte juste son châle au coin du fourneau.

En Berry, on est dur avec les vieux, mais on les protège jusqu'à la mort. Au Rondet, l'hiver arrive, mais je suis content : j'ai deux folles pour rigoler.

Une poule au pot couvre largement les deux repas de Mardi gras. Le beurre, la crème, le p'tit salé, tous les petits pots de grès à mangeaille doivent avoir disparu de la maie pour le mercredi des Cendres, jour de la visite annuelle de môsieur le baron de la Rochefoucault. Ce jour-là, il ne doit rien rester. On est pauvres et il faut le prouver.

Il arrive en calèche attelée de deux juments mouchetées, flanqué de son petit économe trapu. À pas de héron, il traverse la cour au matin du mercredi des Cendres, depuis des années, depuis des siècles.

– Bonjour très cher. Le charme de nos campagnes austères sous le givre est un enchantement. Un monde s'évanouit sous nos yeux.

Sa cape de tweed, il l'accroche délicatement derrière la porte sale, avant de poser une fesse sur la maie où la Mône a caché le meilleur, pour le tromper sur le rendement.

– J'ai toujours recherché un délassement honnête à la campagne.

Il parle haut perché, en caressant son crâne lisse. Chaque mot est rare, presque fragile, dit sur un ton bizarre de modestie.

Je m'assois sur la maie, contre lui, et je le regarde.

– Je vois que la famille est au complet…

– Voyons cela, dit l'économe.

Lui, tâtonne, inspecte, faisant tournoyer sa sacoche de carton bouilli.

– En 53, nous aurions dû faire… Nous aurions fait, je vois que… Je sais que…

– Ce qu'vous savez pas, monsieur Isidore, c'est toute la ribambelle de sangliers qui ont retourné le champs des Lets…

– Et la chasse, c'est point not' fort, ajoute le Fadet.

– J'aimerais bien qu'on puisse faire quelque chose pour que la toiture ne s'effondre point complètement.

L'homme noble n'acquiesce guère ; ailleurs, son économe compte les gousses d'ail pendues aux poutres. Comme du brillant sur ses lèvres, moi, c'est son éblouissante politesse qui me fascine.

– Nous possédons enfin la télévision au château, avez-vous déjà vu cela, très cher Ernest ?

– J'ons ben vu du cinéma quand j'étais prisonnier à Oradour. Nous l'ont ben assez montrée, leur saloperie de propagande. Tout ce que j'en retiens, c'est que j'suis revenu d'Allemagne avec les deux pieds gelés…

– Vous boirez ben une petite goutte, monsieur le comte, coupe la Mône, pour vous réchauffer.

Ses yeux supplient son mari de changer de discours.

– Avec plaisir, chère madame, mais la télévision n'est pas du cinéma, mon bon Ernest.

L'économe trouve les guimauves, en cette saison, magnifiques. Le comte ajoute même « romanesques ».

– J'ons point de tracteur ni même de machine, seulement de l'huile de coude.

Le Nénesse montre son bras dans la lumière.

– L'avoine, l'en faut déjà pas mal pour les deux percheronnes, faut ben qu'y mangent à leur peine, ces bouts de bêtes. Ben dame...

Le comte soulève son gobelet comme s'il était en cristal, tout en écoutant son économe.

– L'humanité se recrée par des secousses voulues et réfléchies.

– Justement, je disais ce matin à mon valet d'écurie que nous n'avons plus qu'à rétablir une royauté nouvelle, après avoir aboli l'ancienne.

Le jour baisse devant la porte. Le fumier se met à fumer dans l'air. Le comte semble maintenant mal à son aise.

– Savez-vous que monsieur de Verlaine, ce génie, n'était pas noble, qu'en pensez-vous, Isidore ?

– Certes, il ne fut pas. Mais c'est tout comme...

– « J'arrive tout couvert de rosée
Que le vent du matin vient glacer... »
La gnôle a bien chauffé le comte.

– Poursuivez les affaires.

Mais Ernest hausse le ton.

– J'ai du mildiou plein ma vigne, faut s'en occuper, ben qu'elle soit point à vous, môsieur le baron…

– Dites « monsieur le comte », je ne suis pas baron, je suis comte.

– Tout de même, on ne peut pas boère que de l'yeau et travailler que pour vous autes. C'est t'y ben comprenable, c't'affaire ?

Son regard me traverse.

– Sors-toé-moé de là, va voir Mirette dehors, y fait pas si froid que ça.

Ils ont continué seuls, âpres, chacun dans son monde, jusqu'à ce que le comte repasse le seuil du Rondet. Le vent porte sa voix aimable.

– Venez-vous, Isidore, continuons sur mes terres, nous déjeunerons chez les Poignaud.

L'économe émet de petits cris plaintifs, tenant sa sacoche à pleines mains de crainte qu'elle ne lui échappe dans la cour embourbée.

– Au revoir, mon pauvre petit.

– Au revoir, monsieur, et à la grâce de Dieu.

Je commence à savoir faire le malin.

Ici, la joie n'existe pas, ni le chagrin non plus. Tout est pareil. Les saisons tournent, à la loyale, sur la Grand-Rêve. Le soleil ou la neige vous serrent dans leurs gros bras de terre, de sève. Je suis chez moi, dans une maison qui ne se fendra plus jamais. Je vais devenir le Fadet, un jour je deviendrai même Nénesse. Cailloux, hiboux, feuilles, flaques, giboulées, il suffit d'avancer.

Aux veillées, chacun donne sa flamme. À la mi-septembre, avant la fin de la Nativité, la fête revient. J'y suis bien, comme un Enfant Jésus. Pour Mardi gras, on remet les veillées sur la table. En remorque, on part à Saint-Maur par des sentiers si étroits qu'on doit finir à pied. Pervenche, toute chavirée, s'en croit retournée au bal. Les enfants prennent un coin, pendant que les femmes brochettent du linge. Les hommes tressent l'osier entre leurs doigts épais. On trie les noix, on chante. On glorifie les saints en tisonnant. Les châtaignes explosent sous la bûche.

> *Bergère, je vous aime, bergère,*
> *Malgré que z'avez point de sous,*
> *Je vous aime bergère,*
> *Car vous avez de beaux dessous.*

Lors des assemblées, les plus belles phrases, dans le feu des disputes, c'est toujours celles d'Ernest.

– Aucune mort n'est juste !

Dans les silences, on entend battre son cœur. Le plus vieux raconte des fables : «J'ons plus que la langue de boune». Les contes donnent une belle apparence aux revenants le long des mares, aux demoiselles aux yeux d'argent. Quand le sorcier tourne la tête en riant, il montre des dents de loup. Le monde ne bouge pas. Le monde ne bougera plus.

Malgré les lanternes, le froid monte, je prends un peu du châle aux épaules de Simone pour me blottir dedans. C'est mon premier geste familier. Un long châle en tricot vert, on peut passer son petit doigt dans les trous de la bordure, en attendant que la nuit finisse.

« Bientôt, tu verras naître un veau », me souffle la Mône.

Nénesse lit George Sand, toujours les mêmes pages, 40 à 42 d'abord, il mouille son doigt crevassé. Après, il lit la page 60. Chaque fois, pour ne pas marquer le livre, il essuie son doigt sur le col de son veston. Il lit Colet, La Fourche, Les Ormeaux...

– L'a ben décrit mon pays, la bourgeoise.

Gustave le bon cru, Clément le braconneux hochent la tête. On se plaint des ajasses et des coirres, des oiseaux voleurs. Je les imagine parfaitement. Ceux qui ont connu trois guerres s'en souviennent pour ceux qui n'y sont jamais allés...

– Y nous auraient bien jeté dans le Danube et fait de notre pays une colonie, ces charognes de Prussiens.

– Mais, quand mon capitaine m'a demandé de sonner la retraite, je peux vous dire que j'en ai craché dans le clairon.

– Les Russes pissaient accroupis comme des femmes tellement y étaient saouls.

– C'étaient des soldats. C'était la Grande Guerre, celle qu'aurait dû être la dernière.

– On a vu du pays !

La gueule étroite du Gustave se creuse, des souvenirs mortels passent encore dans ses yeux.

J'attendrai le jour et la nuit
J'attendrai toujours
Ton retour…

Elle est coton, ta chanson. Le Hurtin, le panseux, Simone, Gustave, le rebouteux battent la mesure. Les châtaignes dans la cendre, une fois froides, on peut s'en faire des osselets. Une femme parle fort, les bras sur ses hanches :

– Si j'avions au moins quèques chèvres pour défricher tout ça, serions pas des tasons sans un sou à vivre avec les renards l'hiver et l'été avec les nids de frelons.

Je grogne trois mots que la Mône comprend.

– Un tason, c'est un feignant, endors-toi mon lapin.

Le sorcier guérisseur prépare une fourche de noisetier, capable de deviner les sources les plus limpides. Il prétend aussi pouvoir faire pousser à foison dans les guérets à l'aide d'une pierre à tonnerre.

– Tout me vient du ciel et de la nature, à condition d'être désintéressé. Sachez qu'une patte de taupe plongée dans l'eau bouillie favorise la pousse des dents chez les nouveau-nés... Avec du persil, je guéris les meurtrissures. Un navet et un jaune d'œuf, mélangés dans du vin, suffisent à faire tomber la fièvre. De l'eau dans la sciure de noyer et tu vas grandir, p'tit brun, citoyen, toi qui n'es pas plus haut qu'un talet de barrière. Y a rien de sorcier dans tout cela.

Il ne possède rien, Jean Hurtin, le panseux, le guérisseur, seulement sa constance à soulager les hommes et les bêtes. Et ses herbes sauvages ramassées à la naissance des lumières. Pour panser Jacquette d'une glande au cou, il lui prend la nuque, tourne son pouce autour de la douleur en murmurant. Puis il secoue ses mains pour exsuder le mal avant de baiser le crucifix.

– Prenez de la racine d'ortie pour le sang. Du sureau pour les enflures. Les feuilles d'aulne calmeront vos rhumatismes. Prenez, je vous les donne... Et qu'on ne m'accuse point de commerce en sorcellerie.

Ma tête est lourde, un peu, parce que c'est la nuit et que je suis petit, le feu chauffe encore, le lit de braise me brûle les mollets. Personne ne peut reprendre ce que j'ai gagné, ni ce qu'on m'a donné. Tout finit par monter vers le ciel et s'endormir dans un châle vert.

Et puis j'ai entendu quatre ou cinq mots. Tout bas, trop loin de moi pour que j'ouvre les yeux, mais je ne dors pas. Ces quelques mots sont pour moi, c'est sûr, et pourtant, dans le flou, je pense qu'ils en visent un autre, derrière, un autre p'tit citoyen, pas plus haut qu'un talet de barrière, un autre enfant que nul ne peut connaître. Deux ou trois phrases. Qui les a dites autour du feu au moment de déplacer les chaises. Qui? Pour qui? Mon âme est devenue lourde, sous mes yeux mi-clos.

– Elle est venue?

– Qui?

– Ben, sa mère, ben dame, pardi. Une petite rousse assez mal fagotée. Je lui ai donné deux fromages et une douzaine d'œufs tellement elle m'a fait peine.

– Ben dame, je vous l'ons ben dit qu'il faut point s'attacher aux assistés, après t'as que du chagrin à revendre. Moi, je suis lassée, j'en prendrai plus.

La grosse voix de Nénesse, lisant *La Mare au diable*, a tout recouvert.

À Pâques est arrivé Momo, pour se ressourcer. À table il parle d'une voix sûre des plaisirs de la chair, avec le Fadet, qui rigole en l'appelant son frangin. Mône est fière du Momo.

– Prends-en de la graine, il a de l'instruction. Le Momo, l'a eu pourtant ben du malheur, mon beau frisé. Je l'ai élevé toute seule durant les trois années de la guerre de 40 pendant que toi tu te gelais les pieds chez les Boches.

Mône en a la voix qui tremble, elle lève un bras vers Momo l'architecte.

– Je le revois dans la cour comme si c'était hier, tout en guenilles, une étoile accrochée à sa veste, comprends-tu pourquoi j'tiens que tu laisses tout ça au grenier au lieu d'en faire des épouvantails. J't'interdis d'y toucher, René.

Quand elle m'appelle René, c'est que ça barde.

– Tu t'rappelles, p'tit Momo, quand je t'ai fait passer pour un Italien le jour où les gendarmes de

Pétain sont venus? Oh là, c't'affaire, j'ai-t'y menti! Je crois ben que c'est depuis que le sang m'en a tourné.

Nous marchons, Momo parle. Moi je ne dis rien tout en regardant nos semelles froisser l'herbe. Lui aussi a appris à aimer la terre, lui aussi aime les arbres. Nous nous sommes attachés. Le loup, le cri de la chouette. En remontant les étangs, nous guettons une dame blanche. Momo parle, pour lui, à voix haute, sans plus rien voir.
– Mon nom n'est pas Maurice, je m'appelle Moshé, Moshé Zylberstein. Je suis comme toi.
Comme moi.
Pareil.

Un gamin, c'est fou la force que ça a. Seul, j'ai renversé un châssis de carriole pour me fabriquer une cabane derrière le hangar en vrac. Dedans, je trie les graines que je sèmerai d'ici peu dans un carré de terreau que m'a montré Ernest. Je suis fier, ma vie coule comme les ruisseaux de La Goutte-aux-chênes.
Parfois, la nuit, des visages que j'aime, sans les reconnaître, me reviennent, je me secoue et ils s'enfuient, je me réveille. Le matin, en retard, il faut courir presque une heure avant de doubler les filles. Plus loin, je me laisse rouler dans la collinette d'Augerolles pour rattraper l'essaim des garçons.

Mes rédactions sont bien notées. Premier en géographie aussi. Plutôt que les tirades de morale de madame Blum, le soir, j'ai choisi musique avec monsieur Blum.

Au retour, je ne rentre pas tout droit, mes escapades s'allongent avec les jours. J'en oublie parfois mon cartable et j'accroche mes culottes. Le mieux, c'est d'aller loin, là où personne ne peut m'entendre et de chanter, chanter plus fort que le vent ne souffle, à tue-tête.

Je suis le vagabond
Le marchand de bonheur
Je n'ai que des chansons
À mettre dans les cœurs
Vous me verrez passer
Au bon vent de l'amour...

Maintenant, je mène Marquise par la bride, jusqu'à la grand-route. La vieille remorque aux pneus lisses, c'est un carrosse, plein de lapins étouffant, de volailles aux pattes ficelées. Dans la lessiveuse trempent les produits laitiers. À Culan, il y a peu d'hommes et des dizaines de femmes avec des devantiaux en toile de sac. Chacun prend sa place sous les platanes le long du marché aux bestiaux. À côté de nous, une femme sait y faire pour vendre ses pintades.

– Mets-y le doigt dans le trou de balle, pi sens-le don', après tu me diras si je t'en ferons point de bon rôti.

Culan grouille dans la poussière. Le temps d'une brève course administrative, Mône me confie toujours l'étal et la jument. Excité, à la pesée, je ne transige jamais.

Midi sonne ma récompense : une pâtisserie, vite avalée. Puis j'ai le droit, tout seul, d'aller arpenter les contreforts du château féodal.

Sur la route du retour, par le chemin des Grives, nous jubilons. C'est moi qui guide la jument. Un objet lourd bat dans le fond du devantiau de la Mône.

– Une surprise pour ta peine. Prends, voici un livre, c'est *Poil de Carotte*.

Prends un livre. Elle est fière. Je lève les yeux. Je touche le livre. Ça n'a duré que quelques secondes, ça ne dure jamais plus longtemps, les grands moments de la vie.

Un jour, j'aimerais bien rencontrer Jules Renard pour lui dire merci. J'ai huit ans, j'ai neuf ans avec Poil de Carotte, je ne vis plus dans la tourmente, je préfère l'imagination. Sous ma cabane, accroupi, je garde mes secrets loin des oreilles indiscrètes de mes parents d'adoption chéris. J'ai pris leur accent maintenant. Je sais que l'ail doit être semé en lune tendre, les haricots demi-secs à la Sainte-Solange, patronne du Berry. C'est moi qui ai vendu aux Pleugnard le billet de tombola qui leur a fait gagner une Dauphine. On a même mis ma photo dans le journal. La Mône l'a découpée pour l'accrocher près du tue-mouches. Comme ça, elle me pardonne de parcourir des kilomètres en trop et de rentrer tard. Je sais aussi, depuis jeudi, qu'Angèle, la petite dernière de madame La Montagne, n'est pas née dans une rose. Elle est venue au monde, sans souffrance, comme ses treize frères et sœurs, tous de père inconnu.

Vite, vite, les peupliers se penchent, j'avale la route, les bêtes sautent dans la broussaille du fossé. Je cavale, je suis en retard pour la dernière journée de classe avant les grandes vacances. Mais l'image de la Providence surgit en voiture. Une femme dans une auto crème, décapotée. L'automobile s'arrête, une main gantée de beurre-frais me fait signe de monter. Et on file vers Saint-Saturnin.

– Bonjour. Je suis Marie-Laure de Noailles... Et vous ?

– Je m'appelle René du Rondet.

La bagnole est bien astiquée.

À la Croix-de-Bagneux, du bout de la main, je salue les La Montagne, stupéfaits.

L'autoradio chante…

Domino, domino
Le printemps chante en moi
Dominique…

– Au revoir et merci, madame!
– Au revoir, petit homme, vous êtes bien poli.
Marie-Laure de Noailles et son automobile musicale disparaissent derrière le monument aux morts.

Maintenant je connais les atouts et les vices de tous les gens d'ici. J'observe, j'écoute la foule autour de l'hôtel Brun de Saint-Saturnin. «Les poujadistes ont du mouron à se faire»… «Nikita Khrouchtchev ira jusqu'au bout, c'est sûr»… «J'aurons tout vu, tout entendu, v'là que le prince de Monaco vient de marier une actrice américaine, c'est-y pas possible, ça…»

– Regarde dont moé ça, et Fadet, va-t-y penser à la marier avant les prochaines batteuses, sa princesse Amélie? me demande la Biaude. Ben dame, depuis le temps.

Je ne sais pas. Je ne dis rien, je n'ai rien à dire. «Ça sent le moucheron», me fait un orphelin. Sur le perron de la mairie contiguë à l'école, monsieur Auffort, notre directeur et tuteur, s'avance en compagnie de sa subalterne, madame Sabatier. On applaudit les élèves admis en classe supérieure. Les listes, ça me retourne le ventre. J'ai aussi peur d'entendre que de ne pas entendre mon nom. Blum, l'instituteur, s'est rasé de près, et Gisèle a l'œil triste en entonnant *Ce n'est qu'un au revoir*. Ils n'ont pas dit mon nom. Ils ne me disent rien, mais ils me regardent, tous. Je ne comprends pas. Le silence est dur. Auffort, le tuteur, s'approche de moi, décontracté, en chemisette.

— Villard, il me semble que tu voulais la voir, la mer. Je te l'avais promis, on y va.

- On ne pleurniche pas, Villard.

Dans la 203, Sabatier roule vers Saint-Amand.
Et je reprends une chambre du foyer de l'enfance. Je
reviens là où je suis arrivé, il y a cinq ans. Sur le lit,
un nouveau trousseau. Qu'est-ce qui se passe ? Je ne
sais pas. Pourquoi ? Le lendemain, sans un mot, sans
une explication, je suis dans le train. Pour Hendaye.
Avec une inconnue. Voir la mer ? C'est pour la mer
qu'ils m'arrachent et m'emmènent ? Je n'y crois pas.
Par la vitre, je vois sombrer la Mône et Nénesse.

Je voudrais me sauver, mais je ne bouge pas. Je
voudrais désobéir, mais j'obéis. Je voudrais la Mône,
Nénesse et Fadet ; ils ne sont pas là.

L'interminable trajet. Mes questions. Nerveuse,
stoïque, mon accompagnatrice ne me répond pas, de
gare en gare. Son travail consiste à ne pas me perdre
à travers les correspondances. À chaque étape, j'essuie un refus. Pourquoi ? Où on va ? Où on est ?

À l'arrivée, comme un fardeau, l'inconnue me laisse choir dans la pénombre d'un bureau. Je suis trop loin maintenant, je ne franchirai plus jamais la barrière vermoulue du Rondet.

«Les Héliomarins», ça s'appelle. Les héliomarins de la côte basque, avec leurs deux gros rochers jumeaux. Il faut pêcher des poulpes abominables. Faire des jeux de plage après une sieste cauchemardesque dans des chambres mortes, toutes blanches, où rien ne parvient de l'extérieur. Ce sont des casernes sous les pins, écrasées de chaleur. Des pierres brûlées, figées de solitude. Des enfants au regard floué y font bon ménage, sans camaraderie véritable. On obéit aux ordres de surveillants mornes et brunis par le soleil. Je suis comme ces troncs que les marées rejettent au hasard. Rien ne bouge, sauf le cri-cri des grillons au bas des murs. Dans l'air, parfois, passe la bonne odeur du fumier. Les fenêtres ne s'ouvrent pas. De mon lit, je vois l'observatoire météorologique sur la falaise illuminer la nuit d'un éclair immobile. C'est obsédant. Selon eux, ces vacances doivent me suffire à oublier les Auxiette. Comme une famille sur le sable. Pensent-ils à moi là-bas? Peut-être. Je ne sais pas. Ils m'attendent? Peut-être pas.

J'ai vu la mer, mais je m'en fous. Sa couleur bouge. C'est tout. Quand je la regarde, je pense à autre chose, je ne saurais dire à quoi. Quand je regarde la mer, les yeux grands ouverts, je n'existe plus.

Monsieur Auffort est prêt à me garder dans son agence, mon dossier lui paraît positif. Vu l'expérience vécue ces derniers mois, je vais rester pupille dans le département du Cher. Ils vont me renvoyer là-haut, quelque part dans la France du Centre, dans la République des correspondances, vers d'autres bouchures, entre les champs, chez d'autres gens.

L'automne 1957 m'offre des familles décousues, des guenilles d'accueil. À Préverange, où déjà trois orphelins s'entassent dans un pavillon neuf, je ne retrouve pas mes repères de campagnard. Alors on me confie, à Tronet, route du Bouquet, à la pauvre Eugénie, qui n'a même pas une saison pour m'apprivoiser, elle meurt d'une embolie dans sa misère.

Qui pouvaient être ces gens, sales et prudes, dans cette maison vers Parecet, d'où l'on me retire sur-le-champ pour cause de malnutrition?

Puis ce vieux couple de l'autre siècle, vivant en ermite dans une masure aux confins de l'Indre et de la Creuse? Jo-sur-Cher ne m'offre que la cime des arbres horrifiants sous un ciel bas.

— Tin ch'ti, y est chien comme une teigne.

Je deviens méchant. L'hiver, et ses petits matins de plomb, reviennent.

– Chien comme une teigne. Y se sont ben mangé la queue toute c'tte nuit, je t'en foutrais ma sarpe à travers la gueule pour m'empêcher de dormir.

Le vieux parle de ses chiens, mais il pourrait aussi bien parler de moi. Les geais ne chantent pas.

Un jour mal fini, un jeune homme apparaît. Sur le chemin, il bloque son vélo de course contre moi.

– Tu sais, je suis ton frère Robert.

Je le regarde. Son crâne est pelé, et il a des croûtes sur les lèvres. Un frère, c'est n'importe quoi, je ne l'ai jamais vu. Je hausse les épaules.

– Je n'ai pas de frère.

Le nourricier rapplique, furieux. Le gars au maillot jaune retourne son guidon et décampe à toute vitesse. En changeant de dérailleur, sa roue dérape sur la terre glaise.

– Fous-moi le camp de la carré, sinon j'vons te sortir à coup de pelle dans le cul, tête de chien de Parisien.

– Berrichon tête de con!

Je tiens à cette existence, sans acharnement. La somnolence m'envahit. Je peux aussi bien rester que m'en aller, je ne suis plus qu'un flot d'injures que deux vieux se jettent à la face. De temps en temps, ils s'inquiètent de moi.

«Faut point te coucher sans l'boère, prends au moins de la tisane.»

Je n'aime plus le manger, le boire, rien ni personne. Pas la peine d'en faire un drame. «Mange donc le pain», insiste le vieux revêche désemparé… À quoi bon? Ils savent bien qu'ils ne me sont plus utiles en rien. Arrivé de Saint-Sévère, le docteur Blanc me pose des ventouses. Brûlant de fièvre, je flotte entre un drap et un matelas posé à même la terre. Blanc proteste avec colère que la chambre est trop humide. Deux jours plus tard, il revient me sortir de l'enfer des vivants.

À Saint-Amand, l'assistante Robillat en a perdu sa tutelle de sous-directrice. Sanctionnée pour négligence de rapport, on l'a rétrogradée d'un cran dans la grille des fonctionnaires. Son regard noir ne me fait ni chaud ni froid.

Moi, il faut me reconstituer, me fortifier, me tonifier, tous ces mots-là, tellement fatigants.

Pour y parvenir, retour à la mer. Elle sert à ça, l'iode. Me revoilà devant l'océan, encore plus vaste, plus vert-de-gris. Les vagues bousculent mes poumons. «Ça te fait du bien», disent les gens du sana. L'air de la saison morte est «sain». Petits cailloux et coquillages s'ajoutent à ma collection. Fin, fin, le sable fourmille sur mes pieds, courant dans les dunes. Là-bas, très loin, tout au bout, c'est toujours la mer? Betty me dit que oui.

La mer partout.

À la bibliothèque du préventorium des Sables-d'Olonne, j'ai un coup au cœur en retrouvant *Poil de Carotte* sur un rayonnage. La couverture n'est pas la même, mais c'est bien lui. Partout on finit par retrouver un signe qui nous contente. Je dors bien, à peu près, sans fantômes, sans les grands flous de mes rêves où les mêmes visages reviennent.

Betty, l'infirmière anglaise, aime me souffler dans la nuque. Elle veut bien m'écouter, sans rien dire, avant la sieste obligatoire. Je lui parle du Berry, si frais dans ma mémoire. « Alors je plantais mes doigts en douce dans la crème fraîche bien épaisse. »

Que font-ils sans moi ? Je regrette tellement, j'aurais dû, j'aurais dû les inviter tous les trois dans ma cabane. Ils méritaient d'y venir, Fadet, et Nénesse, et Mône. Non, pas le Nénesse, je l'aimais trop. Crois-tu que je l'aimais ? Tu me crois que je les aimais, tous les trois ensemble ?

Je tourne la tête si fort que ça me tord la nuque. Les larmes viennent quand même.

— Voilà, c'est mieux, pleure, murmure Betty.

Les girolles font de toutes petites taches de rousseur sous les bois de l'automne. Ma mère aussi en avait, mais ça n'intéresse personne. J'imagine qu'elles font bisquer Poil de Carotte sous sa reliure. Betty sourcille et rigole quand je lui parle en berrichon.

– L'était ben ch'ti drôle, monsieur l'comte.

Quand je m'écorche les bras dans les criques pour capturer les crabes et les oursins, Betty me crie :

– C'est pas grave. Ça va passer. Souffle dessus.

La mer, c'est une campagne, mais bleue. Selon la saison, elle change. Quand elle devient aveuglante, les vacanciers envahissent la courbe des plages de Vendée. Près d'un feu de camp, je souffle onze bougies avant de rejoindre la ronde des enfants remis en forme.

En passant par la Lorraine
Avec mes sabots ho ho ho.

Je ne sais pas faire connaissance. Je vais repartir. Je vais aller où, avec mes poings et mon vocabulaire élargi ? Les mots nouveaux me plaisent, je les place dans des phrases comme des bouts de nacre. Mon rêve, ici, ce serait de pouvoir monter sur un des navires qu'on voit au large. Afrique. Brésil. Brésil, c'est un mot comme un papillon, Brésil, Brésil, Brésil.

J'ai laissé Betty et je suis revenu à Saint-Amand FOR-TI-FIÉ.

Dans les couloirs du foyer, je croise Aziz, il ne me remet pas, moi je le reconnais tout de suite à son nez cassé et à ses cheveux frisés.

— J'en ai marre de ces putains de bleds pourris… Ça y est, je me souviens, t'es de la bande à Denfert. T'étais dans le train. Où tu vas, petit mec, dans quel patelin on t'a collé ?

— J'en sais rien, je m'en fous.

D'une traite, je glisse sur le parquet jusqu'au salon. Sabatier est là, le buste raide, avec sa maladresse.

— J'ai du mal avec vous, Villard 764. Cette fois, c'est la dernière nourrice à laquelle je peux vous confier. Votre mère cherche à vous retrouver, elle voudrait vous reprendre. Elle n'en a aucun droit. Moi, on m'avait dit qu'elle était morte. L'AP n'en veut pas. C'est pour cela que monsieur Auffort vous a enlevé du Rondet.

— C'est Simone Auxiette, ma mère !

Sabatier enchaîne avec mépris :

— Si Blanche Marcelle Villard vient vous voir, vous visiter, vous n'êtes pas autorisé à lui parler. Sinon je ferai un rapport, et la maison de correction vous attend. Obéissez, je vous emmène à La Celette.

Après, j'ai compris. Elle vit. Adieu la Mône, adieu Louise. Elle s'appelle Blanche. Qui ? Comment ?

Pourquoi? Je n'aimerai plus, ce n'est plus la peine. C'est fini, les étrangers. Je vais la retrouver, forcément, je l'aimerai. C'est obligé. Je vais faire tout ce qu'il faut, me soumettre, obéir, sans contrainte, mais par-derrière, par en dessous, je ferai selon mon désir. La nature seule me dictera ma loi. Je dénicherai les pies pour mieux les apprivoiser. La lande du Rondet est trop loin pour y revenir, en grimpant à la cime des arbres, peut-être que j'apercevrai la ferme. Tant pis. Maintenant, j'ai un but, je sais qu'il ne faut pas s'attacher, ce n'est plus la peine. Quelqu'un me cherche, quelqu'un m'attend.

Je vais te retrouver, Blanche.

Et puis ça recommence. Un matin. Un soir. Entre les deux : un changement. Une nouvelle nourrice. Une nouvelle voiture. Des odeurs.

C'est l'heure d'une famille neuve, dans un lieudit que je ne veux pas connaître. C'est nulle part. J'en ai marre d'être ramassé. Cette gêne atroce, devant des inconnus, c'est comme vomir les yeux ouverts.

De bonne heure, nous arrivons sur la place d'un village, il y a l'église, l'école de l'autre côté de la route, mais les grilles ne sont pas encore ouvertes. Une femme en fichu me détaille des pieds à la tête : Jeanne Dallau. Son regard est une nasse.

La Sabatier mène la conversation avec entrain.

– C'est bien la forêt de Tronçais qu'on aperçoit là-bas ?

– Oui, à une minute à vol d'oiseau.

Une forme surgit, une robe noire, sévère comme une porte. Un homme étrange.

– Gloire aux enfants délaissés.

Il est grand, majestueux dans sa robe toujours en mouvement. Sur son bas-ventre, il tripote les boutons de sa soutane. D'un coup, ses mains s'abattent sur ma tête et il me signe le front.

– Reste là, petit frère, et viens que je te biche.

Il m'embrasse. Je le regarde dans les yeux. Un crachat dans la gorge. Les adultes parlent, ils continuent, les mains du curé dansent sur sa soutane. Le rouge à lèvres de la Sabatier est violet. Jeanne Dallau tire les pointes de son fichu. Le village ressemble à tous les autres. Une commère lorgne derrière ses carreaux pour médire. Les villageois sont des menteurs. Le monde ment. Si ma mère n'est pas morte, pourquoi suis-je ici?

– Je vous serais éternellement reconnaissante, madame Dallau, de me sortir une épine du pied en acceptant René, je sais que vous auriez souhaité un plus petit. Mais approchez, faites comme l'abbé, embrassez-le, ce René.

Je me détourne de la nourrice nouvelle.

La Dallau essuie son menton barbu et me tend la musette. Les gros sourcils de l'abbé se froncent. Elle recule comme une tortue : «Il faudra le réchauffer, son repas.»

La mère Dallau glousse un peu :

– Je vous l'avons ben dit, c'est point commode à c't âge-là, je sais pas ce qu'on en fera de çui-ci, mais je veux bien l'essayer. Il a l'air d'une âme seule.

C'est triste, le ciel, la place, le rouge à lèvres épais de l'assistante sociale. Au milieu, seul l'abbé est vivant. Il ne parle qu'à moi et, malgré ses mâchoires carrées, sa voix a de la douceur.

– Je t'invite, p'tit frère, à venir chaque dimanche à la messe, et le jeudi au catéchisme, il en sera selon ton désir et ta volonté. Gloire aux orphelins et Dieu y trouvera son compte. Viendras-tu le temps de faire une prière, ici, après l'école ? Bien sûr que tu viendras, je t'attendrai, petit frère.

– Bien sûr.

– Alléluia.

Au fond de ses poches, ses doigts comptent et recomptent quelque chose, il marmonne en s'éloignant. D'un coup, se baissant, il baise la porte de son presbytère.

Les deux femmes continuent de bavarder, celle qui me lâche, celle qui me prend.

– C'est vrai qu'il a l'air d'une âme seule.

On me dit d'aller patienter au café avant de rejoindre la classe mixte de l'autre côté de la rue. En ce début d'automne, j'y serai inscrit comme retardataire.

Retardataire, ça veut dire différent, séparé, seul. Merde, seul, encore seul.

Au fond du café Liger, je bois mon lait dans un verre à vin près d'une attardée mentale, recroquevillée, hagarde. Elle chouine.

– Yvonne, quand vas-tu t'arrêter? Laisse ce gamin tranquille.

Yvonne se gratte sans cesse le sexe en postillonnant vers moi comme un chat.

Huit heures sonnent.

– Elle n'est pas mauvaise, juste vicieuse. Je préfère la garder plutôt que l'envoyer moisir en pschi… en pschychiatrie, ben dame. Elle restera ici.

Sur la place, le clocher sonne à toute volée.

– Ce brave curé, on finira par le retrouver pendu à ses cordes à force de nous annoncer sans fin les heures. Pis ces Dallau, peuvent-y pas faire les choses comme tout le monde, te faire manger tout seul dans l'école, un beau gamin comme toi!

Elle s'appelle Marie. Elle est gentille. Je sens tout de suite les gens que j'intéresse et ceux que je n'intéresserai jamais.

– C'est-y pas un monde, qu'est-ce que tu manges? Fais voir ta gamelle. Du riz. Ah, encore du riz, du riz à l'omelette. T'as pas fini d'en manger, du riz, si tu restes ici.

Je ne resterai pas ici.

– Tiens, voilà la passionaria.

Grand-dame Peronna, la femme de l'instituteur, se plie en deux pour embrasser Marie Liger, toute menue. Elle vient me mener jusqu'à l'école.

– Tu m'as l'air dégourdi.

Nous traversons le bourg, plein de bruit d'acier, de coups d'enclume. Dans la cour, le clan des orphelins se tient à part. Cette année, sur le tablier noir court un liseré rouge. Peronna, l'instituteur, me tend une main moite à l'étreinte désagréable. Je ne trouve rien à lui dire d'autre que bonjour. Et je vais dans la cour, loin du groupe d'orphelins.

– Tu joues, merdeux?

– Toi, continue à bouffer tes crottes de nez.

Malheur à celui qui m'approche. Parisien tête de chien! Berrichon tête à nichon!

En classe, Peronna m'a vite jugé.

– Je vais me charger de te forger le caractère. Nous verrons bien si tu auras encore le temps d'aller au catéchisme. Prends place près du poêle et tisonne, si tu veux déjeuner chaud le midi.

La matinée s'écoule sans qu'il se passe rien, seulement des choses petites et laides. L'instituteur lance à son fils qu'en classe il n'est plus son papa. Ça fait rire les autres.

Le fils Peronna regarde ses pieds. Mon père à moi, il est loin, il m'a oublié. Qui m'oublie en ce moment? Nénesse, Josiane, Betty, Mône... C'est impossible, si je les aime. Il faut que j'aime maman aussi maintenant, parce qu'elle est vivante. Tout le monde doit le savoir ici. Dans mes rêves, le visage flou, c'est le sien. Quand elle viendra, je la reconnaîtrai quand même. Je dois feindre, me faufiler et écouter aux portes ce qui se raconte, fouiner partout, pour en apprendre sur Blanche. Après, je m'en irai.

Je vais devenir sournois.

La classe continue. Le poêle m'engourdit.

Ce soir, Raymond Dallau va venir me chercher. Avant, j'irai dire une prière avec l'abbé, ça me rappellera les Salut Marie de Denfert-Rochereau.

Soudain, je ne sais plus où je suis, dans quel bled. Où est Aziz? Et Fadet? Ma voisine, Yolande, me donne un coup de pied. Trop tard, Peronna rage devant mon nez.

— Ne t'endors pas, camarade Villard, et redresse-toi!

Midi. Le saint curé tire ses cordes à toute volée, les élèves se dispersent comme des étourneaux. Une à une, les forges s'arrêtent. Je reste face à l'instituteur.

— Écoute, l'Âme seule, je t'autorise à boire de l'eau au robinet de la mairie et tu peux utiliser les toilettes de l'école, comme ça tu n'as pas à descendre jusqu'au cagibi de l'étang. Tu as une heure. Et puis tu peux sortir. Va au presbytère si tu veux, le curé t'attend.

Peronna s'en va manger en famille.

Gros lard. Ses yeux sont fous.

Ma gamelle, du riz à l'œuf, me soulève le cœur.

En bas, la porte du presbytère est entrouverte.

Je la pousse un peu plus.

La bonne du curé a l'air d'avoir peur que je vienne l'égorger.

– Môsieur le curé, môsieur, quelqu'un est là!

L'autre, la gouvernante, réagit instantanément.

– Oh mais la paix, Clémentine, môsieur le curé n'a rien mangé, il doit se reposer.

Lui, il est déjà là, sur le seuil, enroulé dans une écharpe. Il sourit en relevant le contrefort de ses charentaises. Tout de suite, il m'offre un manuel de politesse.

– Prends-en soin, petit frère, c'est une très vieille édition.

Ses questions viennent vite, franches, et il sourit à mes réponses comme s'il les lisait dans mes pensées.

– Es-tu baptisé, René?

– Je n'en sais rien, mais je suis poli.

Le jardin du presbytère est en friche. L'abbé s'assoit sur la margelle du puits. Ses épaules paraissent encore plus larges.

– Au Moyen Âge, René, sais-tu que le peuple s'exprimait à travers des représentations sacrées, avec des mystères, mais aussi des jongleurs ? Et tu es un jongleur, petit frère, tu sais t'y prendre, tu sais passer d'une vie à l'autre.

Ah bon.

Nous sommes entrés dans l'église. Devant la porte, j'ai crié : « En récréation, ils m'appellent l'Âme seule… » Et aussi : « C'est qui, Raymond Dallau ? » L'abbé n'a pas répondu. Il s'agenouille devant l'autel, en glissant un missel à ses pieds. Au mur, des toiles d'araignée voilent des peintures méchantes. L'abbé sent la bougie. Il fait frais et calme, comme dans ma cabane.

— De quoi as-tu donc peur ? Dieu est là. Partout où tu iras.

— Ce n'est pas de la peur que j'ai. Dieu, c'est qui, Dieu ?

— Je te bénis, René, sois le bienvenu dans la maison de Dieu. Vois-tu, sur ce vitrail, entre Joseph et saint Blaise, c'est saint Paul, le patron des Célettois, dont tu fais désormais partie. C'est parce que ses oies restent trop souvent égarées que Dieu m'a envoyé ici les rassembler.

Le soleil d'automne traverse les vitraux en pluie d'aiguilles. La voix de tragédien continue. Je m'agenouille, difficilement, sur mes gardes, et prie sans me tromper.

Je vous salue Marie
Pleine de grâce
Le Seigneur est avec vous.

C'est long, tous ces mots qui ne veulent rien dire. Mais l'abbé les écoute si fort que sa poitrine se met à siffler. À la fin de la prière, il lâche un grand soupir pour le bonheur de l'avoir dite ensemble. J'ai bien prié pour lui plaire.

– Alléluia, tu feras un bon enfant de chœur. Reviens ici chaque jour et nous prierons pour ta maman. L'église est ta maison.

Je vais joindre les mains pour un visage dont je ne me souviens plus ?

Je vais prier dans le vide.

Dans la sacristie, il me donne un autre manuel qui porte mes initiales : R.V. C'est un signe de Dieu. Dans la pièce humide traîne une odeur d'encens.

– Chaque livre renferme un trésor, tu les posséderas tous à condition de les lire. Un secret de plus vient s'ajouter à ta collection. Pour l'heure, ignore les mystères du péché. Dieu seul sait apaiser les souffrances des enfants blessés.

Une fois dehors, je crache par terre et je jure. Je tape ma tête contre le tilleul. Personne n'apaise rien, abbé menteur. Maman existe, mais qu'est-ce qu'elle me veut ? Qu'est-ce qu'ils me veulent, tous ?

C'est un drôle, ce curé, quand même.

En récréation, le grand Hacourt m'explique la vie :

— Tu vas vite t'en apercevoir, ici les nourriciers rognent sur tout, sur nos pensions, sur nos trousseaux… Ton livret leur donne l'assurance maladie et un point de retraite supplémentaire. Demande à ma sœur Roberte, c'est elle qui fait la bonne pour les Bois-Guillet, là-haut. Moi, je suis placé chez des pareils qu'eux. Si tu ne travailles pas, c'est la honte et tu manges dans l'école. T'as dû en faire, des conneries, Parisien, pour arriver à La Celette, à ton âge ?

— Non, rien du tout.

En classe, je remets une bûche au feu. Le maître tire la chasse et entre sans se laver les mains.

— Ferme-la, gamin, et voyons ce que tu sais…

— Les Mérrovingiens y z'ont donné la première dynastie à des rois frrançoués, pis y z'ont été enfermés par Pépin l'Brref.

— Quel cul-terreux tu fais, Boileau. Ce n'est plus de l'Histoire de France, c'est du folklore. Tu me copieras demain le verbe « s'être mal exprimé » à l'imparfait du subjonctif, pour t'apprendre à parler français.

Quel gros con, le rougeaud.

Je n'aime pas sa coupe en brosse.

Pour la fin de la classe, la cloche ne sonne pas. J'attends au café Liger. J'aimerais bien que Raymond Dallau ne vienne pas me chercher. Au comptoir, l'instituteur dit du mal de l'abbé.

— Le curé se rince au château d'Ainay-le-Viel, chez les d'Aligny, normal : qui se ressemble s'assemble.

Après trois coups de rosé, il me laisse là, dans la petite foule des habitués.

— Ça va-t-y, rince-bouteille ?

— Ça va-t-y, tason de Torino ?

— Salut Riquette !

— Riboule don' point les yeux comme ça, père Planteline, un charron qui planchonne comme toi en vaut deux.

Au fond de la salle, complètement braque, la Yvonne s'écorche encore la foufounette.

Et Raymond Dallau entre.

— J'ons point le temps de faire causette, ni point de sou à boire. Mes deux vaches ont troué la bouchure, je les ai retrouvées aux Belles-Épaules, on y va-t-y, camarade ? J'vons tout de même point te laisser coucher dehors.

Il ne me plaît pas. Pas franc. Biaiseux comme sa femme. Il ne chante pas, il ne grince pas, il a l'air faible. Ses jambes sont tordues et sa peau pèle.

– Allez rouste, en route pour les Bornilles.

La Peugeot noire peine à monter la côte. On ne parle pas. À chaque panneau, grimaçant, il énonce les lieudits.

– On est aux Dions… Au Chauvais, derrière toi c'est…

Devant la Peugeot se dresse brusquement une croix de granit rose.

– Ça y est, on est presque à La Preugne.

Entre Saint-Amand, Faverdines, Saulzais-le-Potier, nous prenons Saulzais. Un kilomètre et nous stoppons.

– Je ne veux pas rester là.

– Où veux-tu aller ?

– Je m'en fous.

– À l'hôtel ? Allez, rentre dans la cour.

La fermette est toute refaite, en crépi, au bord de la nationale. Les losanges de la tomette marquent sous le lino.

– Prends les patins, ça ne glissera pas. Tu dormiras là, près de la laiterie. Y a des waters tout neufs. Faudra pas me les esquinter. On se torche avec du journal ici.

– Dites donc, ça sent la colle.

Un jaune crie sur les murs sous un néon éteint. En formica rouge, les meubles brillent sur leurs pattes dorées. Recouverte par un grand napperon de plastique, il y a la radio et, à côté, le portrait d'un vieux moustachu.

– C'est qui?

– Touche pas à Staline... Attends plutôt que Jeanne finisse de donner à manger aux lapins.

– M'en fous. M'en fous, je m'en vais demain.

Jeanne ferme ses persiennes, l'air énervé.

– Ça va bouillir! lance Zapi Max à la radio.

Tout de suite, elle va coller son oreille au poste, pour retenir le montant de la cagnotte. Après, Raymond veut le silence pour écouter ses informations.

«Christian Dior est mort.»

– Qu'est-ce qu'on en a à foutre, parbleu.

À l'énoncé de Nikita Khrouchtchev, il hausse le volume, l'envoi d'un satellite orbital soviétique dans l'espace est un succès, une énorme surprise pour le monde entier.

– Et vlan, y l'ont dans le cul, l'Eisenhower et les Américains.

Il coupe net la radio.

– Allume donc au moins pour boire ta soupe, Raymond.

Ils mangent en lapant, sans un regard, sans un mot, comme si je n'étais pas là. Le pâté d'alouettes ne passe pas. Dans le formica, on ne grince pas des dents.

– On est quand même mieux ici qu'aux Chau-dillonx, à présent que t'es ouvrier chez les autres.

– Pour sûr, ça va bien mieux du côté de la bourse. T'as-t'y vu les semelles de ses galoches qui seront bientôt trop petites? J'vons encore dépenser des sous. J'vons quand même point le traîner comme ça aux foires d'Orval.

– T'as raison, c'est pas la peine, il ira une autre fois...

– C'est quoi, les foires d'Orval?

– Y a des manèges, c'est pas pour toi.

Le ventre vide, je m'assoupis dans l'assiette. J'aime pas mon lit, j'aime mieux dormir par terre près de la baratte. Où vais-je ranger mes affaires, il n'y a aucune place. Je tourne et me retourne sur les dalles froides.

Aux Bornilles, ils m'ont fait comprendre que je n'étais pas des leurs. Les jours fériés, leurs petits-enfants me saluent à contrecœur. Je ne vaux même pas trois mots. Pour les jeux, un enclos derrière la maison, leur est réservé. Leur mère, fille unique, me traite avec retenue. Elle n'est plus n'importe qui, et surtout pas la femme d'un bouseux de paysan : elle vient d'épouser un gendarme de Saulzais. Pendant qu'on m'oblige à tourner la baratte, ses bambins bien élevés viennent insulter ma race. Ils me chargent à coups de genou, je le leur rends volontiers, et plus fort.

— Je te jure, mémé, c'est lui qui a commencé.

— Demain, tu iras à pied, crie Jeanne, le beurre est mal battu.

Après avoir talqué ses bottes en rentrant du travail, Raymond aligne des moellons pour construire un garage, face à la mare.

— Je ne voterai jamais pour les bourgeois, ceux-là, ils ont toujours la montre au poignet, moi j'ai mon temps. Comme s'ils avaient besoin du téléphone pour fabriquer du fourrage. Un jour, les Russes nous sauveront de ce monde de peigne-culs en donnant le progrès à la classe ouvrière gratuitement.

C'est son refrain, au Raymond. Jeune, il s'est engagé dans les Jeunesses communistes, avant d'être prisonnier de guerre en Allemagne, pour finir à Vladivostok ou Odessa. Il radote, le Raymond.

— J'oublierons jamais la misère qu'on a subie dans les champs à manger du cheval crevé. Personne ne me doit rien, mais je ne dois rien à personne.

— Moi non plus !

Il m'en retourne une.

Les jours de commémoration, faut le voir brandir son fanion à faucille et marteau. Pour rien au monde il ne manquerait un bal d'anciens prisonniers ou un jour d'élection.

– Oh, c'était un bel homme, mon Raymond, avant de revenir maigre comme un passe-lacet. Maintenant, c'est Ricotin. On est fier de lui, à présent qu'on est des gens civilisés. René, je t'ai fait des boulettes aux restes, et pis y a du riz.

– J'en ai marre des boulettes.

Même en marchant, je lis le manuel de politesse du curé. Chapitre X sur la conversation : ne pas se servir des saints ou du nom de Dieu comme de mots parasites ou de circonstance. Exemple : «Bon Dieu qu'il fait chaud.» Proscrire absolument les expressions : «Que diable», «Ma foi», «Sapristi»... C'est bon pour les charretiers. Je lis, je lis, mais le tac-tac-tac d'un pic-vert dans un arbre me fait lever la tête. Ou un oiseau qui s'envole, une brindille, tout m'intéresse de ce que je suis seul à percevoir. L'alouette chante du fond de son cœur comme une artiste. Un matin, dans un buisson, j'ai tendu ma main, immobile, sans respirer, jusqu'à la frôler. Dire que les Dallau en font du pâté.

C'est dégueulasse.

Je reprends le manuel au chapitre sur la modestie. Je le décortique : «Elle est puissance qui procure plus d'amis que de richesse, plus de crédit que de pouvoir. Elle met en relief toutes les autres qualités. L'homme modeste évite de se mettre en scène et d'attirer sur lui l'attention.»

À la croix des Genivres, je jette ma gamelle sur un nid de chrysalides que dévoreront les hérissons. Peronna, l'instituteur, me fait rattraper mon retard scolaire. Usant de sa baguette fendillée sur les doigts des élèves. Cent fois, je dois recopier l'exploit d'un programme spatial soviétique pour n'avoir pas su écrire le mot Spoutnik. Raymond jubile. Les deux crétins s'appellent camarades.

— Personne ne t'empêche d'être baptisé si tu le désires, mais le veux-tu seulement?

— Bien que cela ne soit pas obligé, camarade.

Moi, j'ai décidé de prier et j'attends mon baptême. Ma personnalité mérite un nouveau prénom. Je ne veux plus qu'on m'appelle René. Peut-être Simon. Le curé m'a soufflé ce prénom. Si je connaissais celui de mon père? Robert ou Paul... Paulo? En souvenir de Fadet.

Paulo, ça fait prolo.

Le curé m'a dit : «Tu peux m'appeler Tony maintenant, et on peut se dire tu.» En homme sage, il ponctue chacune de ses phrases d'un silence.

— Je sais, René, que tu es en manque d'affection. Dieu est miséricordieux. Il faut leur pardonner.

Il me prend la main.

– Prépare-toi au baptême.

À lui, je ne dis pas non. Peut-on mener sa vie en faisant tout le temps non ? Je ne peux pas dire oui non plus. Pourquoi ce mot passerait-il mes lèvres ? Qu'ai-je à donner en disant oui ? Rien à offrir, rien à recevoir, sauf de Tony peut-être. Je me fous du baptême comme du temps. L'ennui est vertigineux. Mais, si un seul homme, un curé, veut obtenir un geste de moi, je peux bien le lui donner. C'est fascinant comme il insiste, ses larges épaules me rassurent.

– D'accord, je vais le faire.

J'apprends à réfléchir.

« Rien ne se trouve si voilé qu'il ne doive être dévoilé. » Cette phrase, à force de la lire, de la dire, j'ai fini par la comprendre.

« Rien de caché qui ne doive être connu. » – Saint Luc.

Je suis d'accord. « Tout ce qui a été dit dans les ténèbres sera entendu aux grands jours. Ne répète rien à l'oreille, ce sera répété sur les toits. »

Clémentine, la gouvernante, rabâche qu'aucun acte de baptême ne nous est parvenu de Saint-Vincent-de-Paul.

– Petit frère, je te baptiserai donc avant ta communion. Dieu l'aura voulu peut-être deux fois.

À La Celette, les traditions sont enracinées dans la boue, la terre et les cendres. Nous sommes toujours dans le Berry. La magie des sorciers tourne encore et domine l'existence. Des revenants traînent aux confins du Boischaut. La peur des hommes monte surtout aux semailles, quand les corbeaux, les geais, dévastent par centaines un champ semé de la veille. Les nuées s'effilochent sur les haies pendant qu'un veule court, sans famille, comme moi.

J'aime les bêtes seules.

Je redoute les crispations. Je n'aime pas nuire, je n'aime pas la bataille. Je n'aime pas cette vie passée à regarder les enfants assistés. À grimper aux arbres pour n'en plus redescendre, avec la trouille d'être traité de bâtard à coups de bâton. Ce mot ne me fait presque plus rien, je veux bien être le bâtard qu'ils crachent entre leurs mâchoires. Mâchoires, godillots, crachats. L'ennui nous tuera tous. Au-dedans de moi, l'abbé, lui, a su voir un sentiment. Parfois mon cœur bat comme un oiseau et je me parle tout seul. Je cache mon visage dans mon chandail. Je sais et je ne sais pas ce qu'il me manque. Parfois mon ventre se tord, les coups les plus durs sont ceux que l'on se donne. Sur le lino, au bord du chemin, sous ma cabane, à mon pupitre, je veux qu'il m'arrive quelque chose. Je voudrais être envahi et pouvoir me donner.

Je deviens gros, embourbé dans mon corps, avec l'arrogance du Parisien. Le plus étrange, c'est que les autres enragent que je les méprise, moi qui ne suis rien.

Ce matin, en pleine classe, Peronna m'a crié :

— Regarde devant toi, ton passé n'existe plus. Il est temps de retirer cette médaille hideuse et le numéro que tu portes au cou. Tu as l'air d'un veau qu'on mène à l'abattoir.

— Jamais. Jamais ! Tu pues l'alcool, gros con, jamais !

Aucun élève ne lui a parlé de la sorte. De toutes ses dents pourries, il me traite, les veines gonflent son cou, et plus il me traite, plus je le nargue avec de grands rires forcés.

— Oui, je serai baptisé, j'ai dit oui à l'abbé !

Sa baguette se brise sur mon dos. Sa haine de l'église le fait trembler tout entier.

— Sors de là, t'as plus qu'à te faire curé.

Même petit, il faut avoir son domaine, un lieu à soi. La Preugne est le mien. À l'étang, sous les taillis, le cresson pousse à foison. De mes deux bras, j'ai construit la cabane dont je rêvais. Mes trésors sont cachés là, dans le lierre qui enchaîne les arbres. J'ai des chats, je leur pêche du poisson-chat. J'apprivoise une pie et une corneille borgne. Je ramasse du pissenlit d'avance. Un sac est toujours prêt au cas où la grosse Jeanne s'impatienterait.

Il me faut une arme. Pas pour tuer ou me défendre, mais pour me lancer dans la vie. Je parle, je me livre à des tas de gens invisibles dessus et dessous la terre. Quand je me parle à moi-même, ma voix remplit le vide et me calme. J'aime les mots, surtout ceux de la mythologie grecque. Après, je grimpe aux chênes pour voir si par hasard, aujourd'hui qu'il fait clair, je ne pourrais pas apercevoir le Rondet des Auxiette.

Tout est en friche, mes secrets sont utiles. Le vent propice ramène le son des cloches. Je ne suis pas si seul, au fond. Un jour, je partirai, puisque Blanche me cherche. Je suis fort. Dieu m'aidera, croire en Lui, c'est croire en moi. Je prie. Je prie aussi pour que la Marie Bailly ne me demande plus de faire ses courses à l'épicerie des Aguillaume parce que les Dallau ne veulent pas que j'aille chez ces gens-là. Je ne veux plus qu'on m'appelle camarade. Ni l'Âme seule. Demain je chanterai mieux qu'hier ma chanson à Petit-Louis. Il m'écoute, lui, sur son tas de fumier, après avoir curé les étables de mademoiselle. Je me le suis mis dans ma poche, celui-là.

Comme les autres, j'ai un carnet de timbres antituberculeux à vendre. Je veux qu'on m'en prenne. Ils sont bleus avec un bouton d'or. Alors je reste! Quand on m'aura pris tous mes timbres, je m'en irai.

Je prie, je dissimule et je grandis. Dans ma cabane à l'orée des taillis, à un jet de pierre des fenêtres du château, j'entends mademoiselle Ténard-Guérin répéter ses cantiques au piano pour la messe de dimanche. Sa voix ressemble aux grincements de la chaise ambulante qui porte son aigreur de vieille fille. Radine. Bigote. L'année dernière, elle n'a même pas jeté un œil à mon carnet de timbres, elle qui possède les terres et le château de La Preugne. Sous un tas de broussailles, je craque une allumette pour chasser les mauvais esprits.

Et je m'endors là.

Rêver, c'est dormir ? Que se passe-t-il quand on rêve ? Au fond de ma tête, une vie bouillonne, blanche ou noire selon les jours. Dans mon sommeil, une silhouette sort d'entre les arbres. Et soudain ses gros bras se détendent et m'emportent. Puis la forme se change en visage aux yeux vides dans un confessionnal doré.

— Cesse tes divagations, je deviens vieille, crois-tu qu'il soit facile de te chercher quand tout repose et qu'il me faut vivre dans un sépulcre sans vie ?

La forme se fâche.

— Parle, pourquoi as-tu changé le prénom que je t'avais donné ? Je te condamne à courir sans cesse autour de la Terre. Regarde-moi, je me fonds de chagrin.

Des écailles tombent de mes yeux. Les persiennes sont fermées. Je me réveille en sueur.

— La chance des uns fait le malheur des autres…

Jeanne Dallau prend à la légère mes rêves tourmentés. Ses doigts font tinter un bol vide.

— T'iras à bicyclette aujourd'hui, mais à jeun, le curé l'a demandé. Ton jour de gloire est arrivé, raille-t-elle. Prends les pinces à vélo de Raymond, ça t'évitera de graisser le bas de ton pantalon avec la chaîne. Va donc et ne me fais pas pitié.

La permission de prendre le vélo, c'est rare. En selle, je suis un Apollon. Je beugle dans les pentes en lâchant mon guidon. À La Preugne, je m'arrête pour réfléchir et caresser mes bêtes. C'est un jour important. Vite fait, Jeanne a passé le brassard du Seigneur sur ma veste de communiant.

Tout est vétuste au presbytère. Les piles de livres forment des allées étroites et ploient les étagères. D'autres montent en vrac sur les rebords des fenêtres jusqu'à empêcher le jour d'entrer. Tout est ouaté, d'un vert de vase, comme le fond des mers et des forêts. En me voyant, Marie, la servante, étouffe un cri :

– Comme il est pâle, celui des Dallau.

Clémentine opine.

– Veux-tu une pomme? Rien n'est pire que la faim un jour de Pentecôte.

Les cheveux en bataille, l'abbé Angrand surgit.

– Surtout pas, mesdames, je vous l'interdis! René se doit d'être à jeun, je le baptise dans une heure. Laissez-le tranquille, nom d'une pipe, occupez-vous de vos ouailles.

À la main, il tient une louche.

– Vas-tu bien, petit frère? Allez, à genoux, mets-toi à genoux, je te l'ordonne.

– Oui, oui, mais écoute, Tony, j'ai mal dormi…

Ça m'impressionne de l'appeler Tony, mais j'en suis fier.

– René, pardonne parfois ma tyrannie, mais je veux que tu te soumettes à Jésus-Christ.

Pour atteindre le couloir qui surplombe la vallée, il faut enjamber les livres.

– Regarde, petit frère, le pays du Grand Meaulnes et d'Alain-Fournier.

117

Je lui en veux un peu, au père Angrand, mais pourquoi ? Parce que je doute de tout et même de Dieu. Avec Lui, n'y a-t-il vraiment plus rien à craindre des inconnus ? L'abbé veut me persuader du véritable amour et de la lumière éternelle. Je l'écoute en clignant des yeux devant les vallons du Berry. J'imagine aussi les colonnes et les temples de la Grèce, Delos et le tonnerre de Zeus. Tous les dieux en colère. J'aime cette vallée et j'aime la Grèce. Mon cœur est plein d'images immenses. À genoux, tout bas pour qu'il ne m'entende pas, je fredonne ma prière personnelle :

« Reine du sommeil, vierge ou déesse, peux-tu m'entendre, sors de l'Olympe, reviens souvent, méchante mère, ne disparais plus jamais comme une étoile filante, je ne veux pas te perdre à travers les méandres. » Chez les Dallau, seul sur le chemin de l'école ou à vélo, dans mon lit, ma prière me berce souvent. « Blanche. Reviens, Blanche ! »

Un courant d'air porte à travers l'église un minuscule bruit de pas. Il y a quelqu'un ? Personne. L'espace d'un instant, j'appréhende, la tête penchée sur les fonts baptismaux. Tout est grave maintenant. Ce que je sens, les cierges, le frôlement raide de la soutane. Ce que je vois, les lueurs, les ombres qui bougent. L'eau bénite, glaciale, saisit ma nuque jusqu'au bas de ma colonne vertébrale.

– Je te baptise, René, Simon, Paul, que le saint patron me soit témoin !

L'abbé a prié la femme du gendarme de jouer ma marraine. Pour parrain, j'ai ce gars en chemise grise, la tête rentrée, ce Robert qui un jour à vélo a prétendu être mon frère. Nul ne dit mot. Le sel dessèche ma bouche, mais la croix d'huile me fait l'effet d'une patte de lapin au milieu du front. La voix de l'abbé descend au moment du baptême. Je ne sens rien, sinon l'émotion solennelle courir sous ma peau. Il faut rester à genoux, l'œil dans la pierre. Là-bas, au bout de la nef, quelqu'un est entré, quelqu'un est venu à mon baptême. Des talons se sont arrêtés dans l'allée. Ils ne bougent plus. On entend tout dans une église, jusqu'au froissement des habits, jusqu'au souffle d'une respiration. L'abbé ne se retourne pas, moi non plus. À partir d'aujourd'hui, je ne me retournerai plus sur ma vie. Je suis une statue. Dieu et une femme sont venus pour moi. La voix de l'abbé résonne sur le dernier mot de la prière. Une femme s'éloigne en étouffant un sanglot.

Je sais que c'est elle.

À la sortie, pas de parrain ni de marraine aux abords du tilleul. La foule s'impatiente, la grosse foule des grands jours. Pour célébrer la communion de tous, on a attendu mon baptême. Aucun Dallau à l'horizon. Je m'en fous. Je continuerai seul de marcher vers le Seigneur de l'abbé Angrand. Les Dallau, eux, sont déjà en train de se goinfrer, moi j'ai la montre-poignet de Tony, il me l'a prêtée pour la cérémonie. Je fais des effets de manches et je tourbillonne en galoches pour faire gonfler mon aube. Marie Bailly, tout en dentelles, agrippe son sac à main.

– René, t'es tout seul ?... Il faut faire bon cœur contre mauvaise fortune...

– Je m'en fous.

– Quelle effrontée d'Âme seule !

– Ça veut dire quoi, solennelle ?

Dans l'église, la fraîcheur et l'harmonium vont bien ensemble, jusqu'à la voix de crécelle de Ténard-Guérin. Les hommes ôtent leurs casquettes, d'autres se ruent au café, laissant les femmes, pas à pas, glisser leurs indéfrisables dans l'église.

Contre moi marche un gars, un autre René, le cierge à la main. Le bougre ne me parle que du festin d'après la messe et de son service militaire avant le mariage. Tous ces chrétiens, je les ai percés à jour, ils sont capables de lâcher leurs chiens à mes trousses plutôt que de me prendre un timbre antituberculeux.

Je reviens à l'église pour ma première communion. Au fond, Tony est vêtu d'or – vive Tony.

Debout. Assis. Debout. À genoux. À chaque coup de clochette. Le diacre Maurice, frère de P'tit-Louis, avec sa gueule d'ange, plagie le prêtre. Habité, magnétique, il subjugue l'audience. Moi, je ferai encore mieux quand je serai enfant de chœur. Je chanterai bien. L'effroi et la honte m'envahissent quand l'hostie se colle à mon palais.

Les voûtes amplifient les soupirs et les râles. Il y a ce bébé qui tousse… Ne te retourne pas. L'hostie a disparu dans mon estomac, je ne la sens plus. Ce bébé qui s'étouffe prend la place de mon angoisse. L'*Ave Maria* me détend, même susurré par toutes ces lèvres doutant de leur latin. Ça monte et ça tangue, le chant nous caresse en s'épanouissant au-dessus des têtes. Pendant quelques minutes, les gens ne sont plus laids.

– En vérité je vous le dis, mes frères, béni soit celui qui vient au Seigneur et non s'en éloigne.

Vive Tony. Je vais crier. Bras tendus, de sa chaire, plein de souffle, nuque haute, il leur jette son sermon. J'aime le flot de sa parole.

– La communion solennelle n'est pas un banquet, mais un jour heureux pour se changer d'habit.

Quelques-uns se retournent et visent un paroissien. Chaque Célettois pense à son voisin.

– Gavez-vous tout à l'heure ! Mais, en ce moment précis, pensez à ceux qui n'auront rien.

Tony l'a dit pour moi. Pour les Dallau qui ne m'ont pas invité au festin de ma propre communion. Bravo. Vive Tony.

– Êtes-vous pendus comme des aveugles aux portes de Jéricho ? Non, vous êtes des égarés, complices de tous ceux qui sont partis au café ou plantés sur la place de cette église en refusant d'y entrer. Allez en paix et bonnes vacances, pauvres pécheurs.

L'église est ma maison.

Grand harmonium final, clapet de Ténard-Guérin, le bébé tousse ; les anges, un instant, redescendent sous les voûtes et puis c'est terminé. Mais Tony n'a rien oublié de sa petite promesse. Il ôte, en vitesse et avec respect, son étole.

– Clémentine, où avez-vous encore posé cette œuvre d'Alain-Fournier ?

– C'est Marie qui range, monsieur le curé, moi j'épouste.

Vite, elle nous sert du pâté aux pommes de terre. J'ai des renvois d'oignon. Pourvu que l'hostie ne remonte pas. Dans mon poing, je tiens ce *Grand Meaulnes* que j'ai retrouvé, enfoui, sous l'établi de la cuisine.

Pour les vêpres, il n'y a déjà plus personne à l'église : La Celette banquette. L'abbé ne laisse rien paraître de son accablement. Le même sourire accompagne toujours sa profondeur. Une personne, dix ou cent, pour lui c'est pareil, les âmes ne se comptent pas. Au café des Aguillaume, on trinque à la santé des communiants. Maintenant, moi, j'ai une âme. Dans quelques jours, je ferai ma confirmation.

Merde, un pigeon m'a chié sur la tête.

Cette nuit, un fou a encore éventré des chevaux. «Ma foi, c'est Torino, je suis sûr.» Le bouilleur de cru des «petits fossés» lève son poing blanc de rage. «C'est Torino, ce vieux diable.» À Villeneuve, on ne parle que de ça, les grands crimes et les larcins. Tout y passe, dans la colère. Au bas du bourg, à La Grenouillère, on m'accuse : «Villard a volé des fromages dans les cégères du coin.» Non, Villard n'a rien volé. Villard boit seulement un peu de vin dans les burettes. Peronna, l'instituteur, ne me dit plus que le strict nécessaire. Je n'ai plus de protection, sauf un abbé tourmenté. Avoir une âme m'a transformé. Il y a moi, trop doux, calme, et mon double. Si on m'accuse, mon frère, mon autre, s'emporte et crache, furieux. Il se précipite hors de moi, enragé. Puis il revient dans mon âme s'évanouir de solitude. Je suis deux : il y a René dans son refuge de branches, et Villard. Villard qui saute aux yeux des gens comme un chat. Entre la colère et l'hypocrisie, maintenant je choisis la colère, le cri, le crachat.

L'hiver revient, mêmes ombres, même brumes du Berry, nous vivons attablés au-dedans, recroquevillés au-dehors, dans le froid qui se lève.

Le midi, je reste à l'école avec Roland Haccourt. Il est content, un transistor collé à l'oreille. C'est sa dernière année. Je l'envie, grand, presque homme, frémissant, prêt à bondir. Il est lui-même, sans gêne, en train de fumer des lianes de lierre. « Qu'est-ce qu'on mange ? » – c'est son feuilleton favori, qu'il écoute à midi cinq sur Radio Luxembourg. L'histoire de deux clochards qui n'ont rien à se mettre sous la dent. « Qu'est-ce qu'on mange, alors ça, ça me botte ! Et toi ? – Moi ? Je vais aider l'abbé à faire la crèche jusqu'à Noël. »

Plus les rochers sont gros au fond de l'église, plus ces mécréants trouvent la crèche réussie. On se crève le cul et ils s'extasient.

– Oh, les Rois mages! Oh, regarde l'âne, oh Joseph et Marie, le petit Jésus est né. Comme c'est joli...

Bientôt, sans rien demander à personne, j'irai au bal en douce, à la Saint-Blaise, à la Saint-Paul, et même à la Saint-Vincent. Je voudrais sentir bon. Être émancipé.

Les feuilles glissent au fil des ruisseaux, c'est plus dur de marcher dans les herbes trempées. Ce matin, deux petites jumelles orphelines sont entrées en classe. Elles ont une peau de bébé.

– Nous habitions les Batignolles, un beau quartier de Paris.

Tout de suite, Paris m'intéresse.

– Alors, et comment va Paris?

– Je fais du houla-hop.

– Et moi, des scoubidous.

– Moi, je préfère chanter *Petite Fleur*, jouer de la clarinette. Je m'appelle Augustine.

– Vous habitez ici? me demande Juliette.

– Non, ici je m'habitue. Je m'appelle René.

Maintenant la mère Aubonnet ferme ses volets en plein jour. Elle a peur des conscrits. Surtout le grand à la peau noire qui balance des pétards devant sa porte.

Aux Babillaux, j'ai planté des noyers avec Raymond, et des fruitiers au manoir de Saint-Georges. Je travaille sans un mot. Lui ne me parle que de Khrouchtchev, Khrouchtchev, encore Khrouchtchev. J'endure sa présence. L'autre Villard rêve de bondir et de lui foutre un coup de pelle.

Chaque matin, les Dallau crachent et bâillent sans mettre la main devant leur nez. Leurs yeux sont toujours faux. À la fin de la gamelle, Raymond s'amollit et ronfle sur sa piquette. Moi, je veux être de plus en plus élégant, bien élevé, singer les manières du baron pour les rendre fous, hargneux comme du bétail. Je ne veux plus me soumettre ici, je n'en peux plus de devoir tromper ce monde d'un air ingénu. S'ils veulent que je travaille, à partir de maintenant, j'exige de l'argent.

– Espèce de sauvage, tu exagères!

La Jeanne tapote piteusement ses poches.

– Je n'ai pas de monnaie.

Je me sens dévoilé, mais fort. Sauvage, c'est mieux que bâtard.

Ce soir, il bruine. Il faut que ça change. L'autre Villard saute au milieu de la salle, il martèle chaque syllabe, haut et fort, comme si sa langue frappait du métal. Il veut faire ce qu'il veut. Il a douze ans. Il répond, il menace :

– Et ce soir, je sors. Je vais tirer les cloches, ensuite j'irai prier.

En rentrant, couché dans mon lit étroit, j'entends les petits bisous du couple Dallau, le couinement des ressorts de l'autre côté de la cloison. Après s'être délassés, ils se montrent tels qu'ils sont. Le Raymond a marmonné : « Il nous faut des enfants capables d'être utiles, ça doit nous rapporter, c't' affaire. »

L'abbé Angrand tient beaucoup au catéchisme. Aussi, chaque jeudi, nous réunit-il dans la sacristie afin de parfaire notre éducation religieuse. En fait, c'est l'occasion idéale de fustiger l'ignorance et l'éducation laïques.

– Reste à genoux le temps que je le désire. C'est ma punition. Mais que vous enseigne-t-il donc, monsieur Peronna?

– Ben, l'Histoire de France.

– La France est au Seigneur, non à l'Histoire.

Maintenant j'ai une mission : veiller à ce que le bénitier ne soit pas souillé et qu'il reste rempli d'eau bénite. Le niveau doit être à portée de main, pas trop bas, afin que les paroissiens touchent l'eau du Seigneur du bout des doigts. J'ai aussi le statut de répétiteur de prière.

– Mais vous lui passez tout, à ce René, râle Marie, la gouvernante.

Sur un cintre, elle doit suspendre mon aube de sacristain, que je roule en boule au fond d'un placard.

– C'est parce qu'il chante bien.

Aux enterrements, je pleure sur le malheur des autres. Mais à quoi bon dépenser tant d'argent pour une couronne de fleurs qui crèvent? En général, la tremblote me tient jusqu'à l'ensevelissement. Aux mariages, je réserve l'*Ave Maria* de Gounod. Ténard-Guérin reste coite, maintenant c'est René Villard qui chante. Elle consent à me donner quelques accords, lents, de ses doigts noués. Je chante en observant ses jambes se distordre nerveusement sous l'harmonium. Elle rechigne en réprimandes. La pauvre Clémentine, affolée, toute droite, tourne les pages sans savoir le solfège.

J'aime l'église, la messe. Chanter, c'est beau. Ma voix tient, faiblit et remonte dans l'*Agnus Dei*.

– Une voix d'autodidacte, se moque la châtelaine.

Dieu que cette femme-là est méchante. Clémentine aussi le pense. «Je vais écrire à Jean XXIII pour me plaindre et ne prierai jamais pour elle lorsque j'irai à Lourdes.»

Et en plus, elle sent le rance.

L'angélus est sonné depuis une bonne demi-heure. L'abbé parcourt ses prêches à voix haute, il les écrit sans rature, à l'encre de Chine. Il ne mange pas, il picore ses médicaments sans boire son verre d'eau. C'est mon ami, Tony, mon confident. Il jette un œil à mes devoirs, en se navrant du niveau de l'enseignement.

— Surveille ta grammaire, René, sers-toi du dictionnaire.

Je me demande si je serai à la hauteur de ses attentes. Ça me bouleverse de le voir toujours en train de chercher quelque chose : sa Bible, ses clefs…

— Marie, Clémentine, mais où… Où avez-vous encore ?…

— Fermez correctement les boutons de votre soutane, môsieur le curé, vous n'allez tout de même pas desservir trois paroisses ainsi fagoté.

— T'as sonné, René, déjà ?

— Oui, Tony, j'ai sonné, je me suis pendu aux cloches.

— Prends ma sacoche.

— Tu vois bien que je l'ai.

Et on file dans la 2 CV. Direction La Perche, tout en seconde. L'office est à neuf heures trente. L'abbé implore le ciel, roule à gauche, sans jamais s'excuser. Il salue de la main, même les gens qu'il ne reconnaît pas.

— Chante, René, chante, sinon je te corrige de mes grosses mains.

J'invente un air, des paroles flatteuses.

– Je te ferai rencontrer mes amis gitans, eux aussi sont doués pour le chant. On les dit voleurs. Mais non! Ils ne font qu'emprunter le pain qui leur manque. Que le Seigneur les guide!

Je sais qu'il leur donne de l'argent.

À la Croix-d'Entrain, c'est la panne, faute d'essence. À travers la campagne, l'abbé appelle à l'aide. Son missel finit toujours par faire un miracle. Jean Desnous s'arrête et c'est moi qui pipe l'essence au tuyau. «Gloire au Sauveur!» – l'abbé se confond, promet ses prières au dépanneur, sans un merci pour moi qui crache sur le bas-côté. Trois signes de croix devant le calvaire et nous voilà repartis.

Pour fêter un centenaire, les villageois de La Perche se sont réunis sur une estrade, devant l'école. On pose pour la photo qui paraîtra demain dans le journal. Ici l'église est désolée. Le bénitier sent l'urine, les burettes sont vides.

– Cours à l'auberge, tonne l'abbé à l'enfant de chœur.

Moi, je bois parfois dans les burettes de La Celette, mais je ne pisserai jamais dans celles de La Perche, je le jure.

– Le vin, c'est le sang du Christ, quelle que soit sa couleur. Mais, quand même, ça c'est du vinaigre! On réveille un nid de chauves-souris ici!

Ma compassion va à Tony. Je le sens acculé, fragilisé par cette désolation. Seul lui importe l'Émergence, lorsque le comte et le comtesse de Beuvron recevront l'Eucharistie.

– Aurais-tu l'obligeance, René, de prendre l'agenda dans ma sacoche? Regarde pour mardi ou mercredi, Madeleine Jovin sollicite un entretien. Je veux lui être agréable, l'autel d'Ainay-le-Viel est toujours si bien fleuri.

Je lis : «mardi 9 heures, Bourges, l'abbé Farcet, théologie.»

– Ça veut dire quoi déjà «théologie»?

– T'occupe.

Et puis, c'est drôle : «mercredi, 15 heures, Saint-Amand, madame Villard, à la librairie.»

Quelqu'un d'autre porte mon nom?

– C'est une... C'est une libraire, cette dame... Après l'office, on déjeune au château d'Ainay-le-Viel.

Madame Villard. Librairie. Je le regarde s'agiter, faire le pressé avec son air faux. Il a besoin de moi, il se sert de moi. Existe-t-il des choses pour lesquelles un homme de Dieu pourrait mentir? Je voudrais le voir jurer qu'il ne me ment pas. Mais il ne jure jamais. Il s'évade. Il oublie. Tous ces gens, même Tony, ne savent rien de moi.

Aux Bornilles, tant bien que mal j'essaie d'être meilleur, de rompre la distance qu'on m'impose. Plus de chantage ni de reproche, je me plie aux règles de bonne conduite. Je pirouette, je charme, je jongle.

– Oh merde, encore une assiette en moins, mais je te rembourserai en travaillant !

– Ah, j'en aurai vu, des vertes et des pas mûres, avec toé !

– T'en fais pas, Jeanne, je ne te dirai pas m'man pour ne pas faire de peine à tes enfants...

– Ronge pas tes ongles.

– Oh, je ne m'en rends pas compte, ça chante dans ma tête.

– Innocent d'Âme seule.

La nuit, je dors en boule dans ce mauvais lit. J'ai froid, mais je ne réclame pas un vêtement neuf, je sais bien qu'elle les donne sur mon trousseau à ses neveux.

– Ferme la porte, je me gèle. Prends le balai... Mes oreilles bourdonnent, tu parles trop.

Je vais dire à Raymond qu'il y a un blaireau mort au grenier. Chiche ! Que les rats rongent la charpente pendant qu'il ronfle ! Non, je ne vais pas dire ça, mais plutôt que son garage est nickel, j'ai compté les moellons payés sur ma pension. Sa femme aussi est une voleuse, P'tit-Louis me l'a dit. Elle ramasse la luzerne des voisins, sans autorisation. Il a retrouvé un mouchoir brodé à ses initiales tout près de la cégère à fromages de la Ténard. Tout le village parle de ces vols. Je garde cette preuve pour moi, ça pourra me servir au jour du Jugement dernier.

J'ai besoin qu'on me recouse un bouton, la Jeanne n'a pas le temps.

– Allez, on t'laisse, arrange-toi. Tu sais bien qu'on ne doit pas coudre ni faire de la lessive entre Noël et le premier de l'An. Le bon Dieu s'en fâcherait. Mange pas tes ongles.

– C'est ça, dites bonjour aux gendarmes, moi je garde les Bornilles.

Ils fuient en voiture sans croiser mon regard.

Peronna me guette. Il lorgne mon carnet de route, je regarde par la fenêtre de l'école, mais les fenêtres ne donnent sur rien. Il n'aime pas que je glisse mon chandail par-dessus mon tablier pour me distinguer. Ce jour-là, ma braguette est restée ouverte. Il pleut, deux jeunes vachers viennent s'abriter aux carreaux.

L'averse brouille la cour. Le volailler s'élance à travers la rue malgré les éclairs. Quand le maître d'école tripote le fond de sa blouse sale, c'est mauvais.

– Villard, t'as encore pris du retard, regarde-moi ces cahiers pleins d'herbe. Et il trouble ma classe, ce têtard !

Il vocifère, ses mots sifflent. Chaque matin, assis près du poêle et des fenêtres qui ne donnent sur rien, j'étudie son œil injecté, ses mains agitées. Chaque jour, une force en moi, une singularité, désoriente cet homme et peut le rendre fou. On s'habitue à la haine, on la sent même venir avec une sorte de curiosité.

Il crie sur moi avec gloutonnerie, chaque cri en amène un autre, de plus en plus fort, l'ivresse de sa colère, malgré moi, me ronge. D'où peut-elle bien venir ? J'excite la colère chez le rougeaud, mais elle était là bien avant qu'il ne pose les yeux sur moi. C'est sa vie qui le rend furieux. Mais je suis résolu à feindre, pour l'apaiser le temps qui me reste à vivre ici. Malgré Peronna et les Dallau, malgré la cour, l'hiver, apprendre c'est s'échapper. Il faut rester prudent, malin, quand il tourne autour de moi pour me provoquer. Je sens sa force noire d'adulte.

— Lire Stendhal et Bernanos à treize ans, en voilà des idées de curé !

— Et vous, vous ne les avez jamais lus !

Il hurle tellement fort que la passionaria entre sans frapper. La mère Aubonnet aussi vient se figer sur le seuil, et toute la famille Liger se précipite en croyant à un accident.

— Partez, mêlez-vous de ce qui vous regarde, allez, foutez-moi le camp !

135

Yvonne, la pauvre, fait des siennes devant les élèves pantois. Accroupie, elle s'est mise à lécher une carte de sciences naturelles.

– Mais emmenez-la, cette tarée !

Peronna crie à pleins poumons face aux Célettois, quelque chose craque, moi je me détache, je regarde cet homme de plus en plus loin. Et puis la porte s'ouvre de nouveau, toujours ce souffle, son souffle, l'abbé Angrand entre en robe de chambre, précédé du maire en tablier de forgeron.

– Eh bien voilà La Celette au grand complet. J'ai un litige avec vous, curé ! Il s'appelle Villard, votre enfant de chœur. Jamais de ma carrière d'enseignant je n'ai connu un élève aussi difficile et malfaisant. C'est un ch'ti avec cette propension qu'il a à me donner des ordres ! Rassurez-vous, sans résultat. Il me rend malade et, vu ses notes, je refuse de le présenter au certificat d'études. Je vais en rendre compte à mes amis Dallau et à l'assistante sociale, mais certainement pas à vous, curé !

– Parlez-moi doucement, répond Tony.

– L'assistante sociale, pourquoi l'assistante sociale ? Voyons plutôt l'académie, fait le maire, pressé d'aller taper son enclume.

– Mais il chantonne en cours, parle théologie tel un savant, influence mal ses camarades. J'entends bien ses sarcasmes, tout ce qu'il répète dans le village et le plaisir vicieux qu'il prend à ridiculiser ma femme.

– Je ne suis pas le seul !

– Tais-toi, René, nom d'une pipe ! me coupe le curé. D'abord la théologie n'est pas une science, chers enfants, mais l'enseignement de la divinité. Quant à notre litige, monsieur Peronna, il ne tient pas à René. Certes, l'enfant est malicieux, je vous l'accorde, mais avez-vous cherché à comprendre pourquoi ? Vous dites que René vous rend malade, mais votre maladie provient plutôt d'un excès de boisson ! J'en veux pour preuve… Sortez-la donc, cette bouteille dissimulée dans votre bureau.

Soudain, c'est l'événement. Près de l'estrade, le fils Peronna prend une voix de fausset :

– Oui, il boit, et quand il a bu, mon père me frappe. Demandez à ma mère.

– Sortez-la bouteille, tonne le maire Aguillaume.

Madame Peronna se met à pleurer. Acculé, soudain docile, l'instituteur présente aux élèves une bouteille de vin blanc à moitié vide.

– Cet homme est armé ! s'écrie l'abbé. Ces enfants ont besoin d'un secours immédiat. Faites votre devoir, monsieur le maire, prévenez l'académie.

L'orage laisse dans l'air une odeur de métal, je suis sans voix. Quel talent, ce Tony, c'est mon ami, un vrai! Qu'est-ce que je vais devenir si je passe pas mon certificat d'étude?

On fête les Saints-Patrons à la Celette. Je croise deux filles, à Solex, leurs robes volent au vent pardessus la selle, il fait pourtant froid à pierre fendre, elles blaguent et ne me regardent pas. Je suis troublé. Un gars et une fille arrivent à vélo, en se tenant la main, au milieu de la route. À quoi ça peut ressembler, l'amour? Si les robes des filles volent autour de la selle, c'est pour ne pas se froisser. J'ai soif, je boirais bien une limonade. Avec du vin.

Deux autres filles rappliquent à toute vitesse, en se prenant au sérieux. Mais on ne la fait pas au père Tabrant, mon voisin.

– Oh, elles ont chaud là où j'pense, les fumelles. Elles changeront de chaussures au bal.

J'en rajoute :

– Regardez, père Tabrant, elle est rousse pire qu'un écureuil et l'autre noire comme une corneille, c'est pas une coiffure, c'est une choucroute, ça leur fait une grosse tête. Elles sont moches. Et ces robes à cerceaux qui prennent la largeur de l'accotement, c'est pour se faire remarquer.

– T'y vas-t'y, toé, au bal, t'as-t'y le droé maintenant t'as ben l'âge d'aller courir la ch'tite drôlesse!

138

– Si j'ai pas le droit, je prendrai le gauche, père Tabrant, comme l'année dernière.

– Oh ben, si tu choisis l'gauche, avec les Dallau, t'es déjà rendu au bal.

Je ricane, mais j'ai des soucis. Depuis un moment, Tony me cache quelque chose, je le sens. Il voit Sabatier ou Auffort. Peut-être voit-il même les Dallau. Qu'est-ce qu'il trame? Qu'est-ce que j'ai fait? Je boirais bien de la limonade. Quand je le questionne, il bougonne : «T'occupe pas.» C'est vrai, j'ai bu dans les burettes. Il doit s'en douter – il fait des marques avec un trait. Et moi je rajoute de l'eau, mais je ne le lui dirai pas. Je n'avouerai jamais rien.

Ce ne sera pas un printemps de dévotion, pour moi les assemblées profanes commencent à prendre le pas sur les cérémonies religieuses. Un bal vaut mieux qu'une messe, tout le monde s'y retrouve et s'invite : j'adore danser le cha-cha-cha, enchaîner les nouveaux pas, les marquer avec précision, prendre la pose et sentir qu'on me regarde quand j'atteins la perfection. J'aime ces heures de grand tumulte qui débutent dès l'après-midi et se prolongent jusqu'à ce qu'un petit morceau de lune gomme les visages et accuse les ombres sous la lumière tamisée. Bravant le froid devant le café Liger, j'attends que Meissonnier et ses musiciens aient achevé de dresser le parquet rouge sur ses cales. Tant pis pour la modestie, il me faut jouer des coudes et être le premier à entrer sans payer. Ainsi j'obtiendrai le morceau de savon qu'il faut râper sur la piste afin d'éviter aux danseurs de se ramasser. Puis je me laisse glisser en étirant les bras, je saute, teste mes nouvelles semelles avant que les vieilles indéfrisées ne prennent d'assaut la banquette. Je me sens prêt, léger, propre, un peu petit, j'aurais bien mis de l'eau de Cologne et j'ai refusé qu'on me coupe les cheveux.

– Ici tout le monde est exposé au diable et reste à l'abri du regard de Dieu, me dit Antoinette Châtain. Faudra faire danser mes filles, hein, René ?

Je décline l'invitation d'une main molle, ce qui vexe Solange, la copine d'Antoinette Châtain.

– Regardez-moi ce puceau qui fait encore son intéressant.

Solange, mal assise, laisse entrouvertes ses bonnes cuisses, mais ignore ce que j'aperçois. Sournois, je la fixe en souriant, et les frisées réagissent :

– Y vas-ty ou y vas-ty pas ?

– Quoi, où ça ?

– Ben l'intéressant, iras-ty jusqu'au certificat d'études ?

– Oh, ça, ben dame, voyons, j'en savons rien, j'croyais qu'tu m' demandais quand c'est-y qu'allait attaquer l'orchestre.

Je leur dirais bien trois fois merde, mais pas de vagues, j'attends Anne-Marie, ma cavalière de l'an passé. Je ne danse pas avec les filles de l'Assistance, elles sont trop mal habillées. Chez Meissonier, le bal débute par une marche qui part à petits pas. D'abord les femmes s'invitent sans se soucier si l'homme va rester à la buvette ou relever le défi. Je me faufile en saluant les couples qui se forment puis s'emballent sur un paso doble. Solange danse avec son homme, sa robe est coincée dans la raie de ses fesses. Ma joie se manifeste par des cris, sans me faire perdre mon sérieux. Danser, c'est sérieux.

Pour la valse berrichonne, on se tient par la taille les yeux dans les yeux. Et il faut se contenir. Marie Bailly cherche une place assise, elle m'agace à ne pas vouloir lâcher le pan de ma veste.

– Quelle époque... Regardez-moi ces drôlesses, c'est-y pas malheureux de s'habiller si court. Aujourd'hui c'est au genou, demain on verra leur culotte.

– Elles n'en pincent que pour des gars d'la ville, vois donc moi ceux de Sancerre, y savent bien mieux les faire tourbillonner que nous autres, à la C'lette. La bourrée est rassembleuse. J'vas p'têt réussir à en emballer une. J'ai encore dansé avec personne.

Une fille le repousse sèchement. Le quadrille est serré, certains frappent du pied si fort qu'un nuage de poussière s'élève du plancher. Je n'aime pas la bourrée. Trop péquenaud. On danse à quatre, à six, c'est vieux jeu, heureusement c'est la dernière danse avant la soupe. Et Anne-Marie qui ne vient toujours pas, merde. Le gendre des Dallau m'a vu, il me salue de son képi. Je fonce à la buvette, où les vieux célibataires réclament des verres en ressassant leur ennui. Marie Liger éponge le comptoir.

– Où qu'elle est donc, Yvonne ? lui fait un ivrogne.

– Je l'ai attachée au lit. Un salopard dans ton genre lui a déjà fait un petit et je ne veux pas qu'on l'engrosse deux fois. Fous-moi l'camp, Torino, j'te sers plus, va boire ailleurs, éventreur de chevaux, malédiction sur toi.

Jamais je n'ai entendu la douce mère Liger se mettre en colère, ni accuser à tort. Torino, cet homme courbé, les yeux roublards, m'ayant un jour traité de sale enfant de juif, je lui balance en passant un coup de pied dans les tibias.

Mon histoire, c'est l'histoire d'un amour,
Ma complainte, c'est la plainte de deux cœurs.

La chanteuse plonge sa voix chaude dans le micro. Le rideau noir de l'estrade accuse le rose épais de sa bouche. Mais à force de remonter la bretelle de son soutien-gorge, elle brise le mystère de ma chanson d'amour.

P'tit-Louis fréquente, ça se voit. Sous la boule qui diffuse des étoiles en diamants, les caresses descendent lentement au creux du dos. Enfin je vois ma cavalière.

– Il est tard, je sais bien, mais j'ai dû laver les verres pour avoir ma soirée.

Anne-Marie tamponne l'un contre l'autre ses mocassins vernis, étire sa jupe écossaise.

– T'as vu la largeur de ma ceinture, je me suis changée pour toi. Tu as dansé?

– Toute la nuit, le cha-cha-cha avec une fille qui ressemble à Dalida.

– Tu aimes Sacha et Dalida?

– Quel Sacha?

– Sacha Distel, le chanteur, il est beau comme toi.

– Connais pas… Et Dali… quoi?

– Allez, viens René.

Nos bras doivent former un joli lien par-dessus ses cheveux courts. J'aime les perles sur les petits lobes de ses oreilles et cette jupe étroite si différente de celles en cerceaux des autres filles, qui prennent toute la place pour danser.

– Salade de fruits, jolie, jolie…

– Y s'ennuient pas, ces deux-là, si le père la voit.

– Un assisté qui s'trémoussse avec la fille du maire.

– On aura tout vu!

Chaque fois que nous passons devant le banc d'Antoinette et de Marie, elles balancent…

– Mais de qui elles s'occupent, celles-là? me fait Anne-Marie, les joues en feu. Qu'est-ce qu'elles viennent ici à c't'heure et à c't âge?

Dans mes bras, je la sens solidaire, sans scrupule.

– Prépare-toi, Anne-Marie, au prochain tour j'y vais, je te soulève.

Je suis le vagabond,
Le marchand de bonheur.

– Allez, vas-y, chante.

– Mais non, regarde, tu vois bien que je suis occupé.

Nous croisons nos mains, les bras sur la nuque, et, soudain, j'en ai marre.

– Ça suffit les Marie-Antoinette. Avec vos langues de vipère, gardez votre venin.

– Tais-toi, avorton mal élevé.

– On n'est pas élevés du tout, et puis toi, la Bailly, ferme ton menton en galoche sinon je te pisse dessus.

– Vas-y, René, pisse sur ces vieilles masures et dis-leur d'aller se coucher.

– Je le dirai à ton père, que tu joues les traînées, sort la Bailly.

– Et que tu bécotes René, renchérit Antoinette.

Anne-Marie empoigne la Marie Bailly par les cheveux.

– Au secours! Je me plaindrai à monsieur le curé!

– Le curé, il voit bien tes avances, la vieille!

– Tout le monde le sait!

– Tais-toi, puceau, t'as encore du savon dans l'nez!

– Vaut mieux avoir du savon dans le nez que de la merde au cul, Antoinette!

– Mais arrêtez de vous boursailler, vieilles canailles, s'écrie P'tit-Louis, allez vous coucher ou laissez-nous danser tranquilles.

Sur l'estrade, la chanteuse s'égosille : «Non, rien de rien, je ne regrette rien…»

– Anne-Marie, ne pars pas, Anne Marie…

Mais elle s'enfuit en pleurant. C'est con, il restait un dernier cha-cha-cha.

Du givre se dépose sur les vitres du bal éteint, et le froid masque mes larmes. Riquette et moi traînons seuls dans le bourg endormi.

– Quoi faire de nos terres sans une bonne amie, on va passer l'hiver réveillé par les corbeaux? T'as pas froid aux yeux, toi, l'René… Des filles, y'en a pus que pour les fonctionnaires.

– T'as raison, Riquette, mais je ne serai pas fonctionnaire.

– Et pis qui qui von't'dire, tes Dallau, que t'es rentré si tard?

– Rien, Riquette, il y a longtemps qu'ils ne me disent plus rien.

Tous les châteaux ne sont pas riches. On peut être marquis et avoir la bourse plate. Depuis l'aube, je veille une catin morte chez le marquis de Mainville, au château d'Entrain. C'est mon boulot d'enfant de chœur. Le toit s'affaisse pendant que le marquis dort. Les volets n'ont pas été ouverts depuis des lustres, ça sent le renfermé, je révise la guerre de 14-18 à la flamme d'une chandelle près du cercueil en sapin. Y a même pas un grand beau cierge, c'est triste pour la putain. Il paraît qu'elle venait ici, une fois par mois, de Pigalle. Tout finit par se savoir. Les lambris, les meubles sont partis en bois de chauffage, et ne sont plus qu'un tas de cendres dans la cheminée du marquis divorcé.

J'ai pris l'habitude de veiller sur les autres sans qu'on veille sur moi. Même Tony exagère. J'en ai assez de courir derrière lui en aube de dentelle, de ne compter pour personne, sans jamais un mot d'excuse. Pendant que je veille la morte, il est allé aux

Belles-Épaules donner l'extrême-onction à un mourant qui, soi-disant, la méritait davantage. Ça ne va plus. Y a trop à faire avec les âmes. Et comme il a accepté de remplacer le curé de Drevant qui est malade, dimanche nous aurons quatre messes à servir. Dans le même temps, Tony m'oblige à réviser le programme du certificat d'études, ce qui ne servira à rien puisque Peronna a définitivement renoncé à m'y présenter. En français surtout, Tony est impitoyable, avec moi plus que pour lui-même, comme si je ne l'entendais pas se laisser aller à parler berrichon, il dit que c'est pour être plus proche de ses paroissiens.

– À genoux, reste à genoux!

– Non, je ne resterai pas.

Je le regarde manger avec ses doigts, passer ses guenilles par-dessus sa soutane tachée de graisse. Avec ses bonnes, il gueule sans façon, avec moi il s'applique en détachant chaque mot pour qu'ils m'entrent au fond du crâne. Il n'y en a plus que pour les gitans maintenant, qui débarquent chaque année faire leur cirque autour des feux de la fête pascale. La quête, cet argent que je ramasse en levant bien haut ma panière, le curé la leur donne! Un gitan, ça porte des vêtements brillants, mais ça se fout pas mal du boucan que fait sa roulotte en passant le pont du Cher.

– Manger du hérisson, mais qui t'a raconté qu'ils mangent du hérisson. Combien de fois ai-je vu leurs chiens avec les canines pleines de plumes au bord du fleuve. Tout le monde sait qu'ils volent des poules !

Je n'aimerais pas avoir un père manouche. Tu parles d'une existence, leurs enfants traînent pieds nus, la morve au nez. Pour moi, la vraie vie, c'est d'avoir une maison qui ne bouge pas, avec un père et une mère dedans.

Voilà qu'il neige en avril sur les jonquilles.

Après les handicapés, c'est pour les lépreux maintenant que j'ai des timbres à vendre. À l'école, on nous a montré des visages horribles, avec un trou à la place du nez, de la bouche. J'en ai vendu deux carnets. Bien sûr, les Dallau et Ténard n'en ont pas pris un seul. Il y a deux sortes de Célettois, ceux qui veulent bien m'en prendre un et ceux qui refusent immédiatement. Le monde est fait de ces deux catégories de gens, et au milieu il y a moi, le vendeur de timbres.

L'horreur de ces visages m'a poussé sur les chemins, loin, jusqu'aux fermes isolées qui ne voient jamais personne, aux Élargis, à La Roche. En récompense de ma prouesse, on m'en prend un.

Je parcours la campagne. Aux Bornilles, de toute façon, je ne manque à personne, ils s'engueulent de plus en plus, à cause de moi. La Dallau veut «la machine à télévision» maintenant. Le Raymond a d'autres priorités.

– Et pis j'en veux plus à la maison, des maudits gars comme ça. J'en veux plus, t'entends, Jeanne, avec ce regard noir qu'il a quand j'arrive. On n'est plus chez soi. Si j'éteins la lumière, il rallume, et en plus il répond avec son vocabulaire de châtelain. Qu'il y reste, au château, avec ses airs de fumelle qui s'donne devant la glace. Tout ce qu'il sait faire, c'est laisser pisser l'eau courante. Monsieur Villard veut p'têt une salle de bains? Et pis toi, Jeanne, tu veux point de la machine à laver la vaisselle, tant qu'on y est?

Il a raison, si on peut le faire avec ses mains, pourquoi acheter une machine?

– La télévision, c'est une machine à ne rien faire, on n'a pas besoin de ça.

– Mais c'est le progrès, Raymond.

Je l'approuve en levant ma main.

– Évidemment.

Il m'en tourne une. La trente et unième en trois ans. Je les compte. Un jour, je les lui rendrai.

– T'entends, Jeanne, y s'en va, certificat ou pas, sinon c'est moi qui fous le camp!

Le sang lui monte à la tête, il s'en prend à de Gaulle, à la guerre en Algérie, à Debré et à sa loi Verte. «Heureusement que Brejnev est chef d'État.»

– Bof, Brejnev.

Trente-deuxième mornifle sur le coin du nez. Je saigne cette fois, je m'accroche à lui.

– T'as pas le droit de me frapper. Jamais tu m'as emmené à la pêche ni faire un tour de manège aux foires d'Orval. Jamais je n'ai eu ma place ici.

– Respecte ceux qui te donnent du pain.

– C'est pas toi qui me le donnes, Raymond, ma pension t'a payé le garage, et maintenant qu'il est fini ? Va, porte ton drapeau au monument aux morts et mets ton pognon dans ton pis de chèvre, je m'en fous !

Jeanne renifle. Raymond a fini, sa colère tombe, il se ronge les ongles, le regard bas. Moi, je ne baisse pas les yeux. Je sors faire un tour. On se croirait à la Toussaint, heureusement dans l'air traîne une odeur de fleurs d'acacia.

Un dimanche sur deux, je suis un monsieur. Après la messe avec l'abbé, je vais dîner à la table de la baronne d'Aligny. La typographie usée de mon manuel de politesse a balisé ma tête de précieux conseils ; je suis pour les bonnes manières.

Ces gens-là sont doux. Là-bas, pousser un cri, dire du mal, susciter une dispute, paraît inimaginable. C'est un monde tendu de velours, une sieste éveillée où il ne se passe rien que du bon temps entre gens choisis… Et pour paraître bien élevé, je cravache, j'en sue : baisser la voix, ne pas se gratter à travers le pantalon, marcher lentement, et ne jamais devancer les dames sur le pont-levis du château d'Ainay-le-Viel. La famille d'Aligny-Colbert vit là, au milieu de l'Histoire, derrière une muraille octogonale et des douves d'eau vive : elles glougloutent par les fenêtres entrouvertes. À table, on parle de Jacques Cœur, grand argentier de Charles VII, de l'empire de Catherine de Russie, on y regrette les accords de

Yalta… Ils parlent sans arrêt, moi pas du tout, trop occupé à ne rien faire de travers. La conversation est exactement l'inverse de celle des Dallau.

– Mais ils voudraient le monde pour eux, ces Russes.

– Madame, je n'aime pas les communistes.

Je pensais charmer l'assemblée, mais l'abbé siffle.

– Nom d'une pipe, tais-toi, René! Et puis on ne dit pas madame, on dit madame la baronne.

– Cher René, voudriez-vous aller jouer avec d'autres enfants qui arrivent dans une heure pour le goûter?

– Je vous remercie, madame la baronne, mais j'ai pris l'habitude de jouer seul.

Bien dit, bien envoyé, avec une mine de communiant. Je ne comprends pas pourquoi les yeux de l'abbé me foudroient de nouveau. La baronne, presque sous la nappe, me glisse une image pieuse, semblable à celle que j'ai oubliée à l'orphelinat des années auparavant. En lui disant merci, je me sens fautif de ne ressentir aucune émotion. Rien. Dans les yeux de la baronne, je crois pourtant voir un assentiment, une flamme qui m'encourage à vivre en liberté.

On peut être marquis et pauvre, comme on peut être baronne et seule. La vie n'en finit pas d'être compliquée. Madame d'Aligny souffre de l'absence de ses enfants, partis étudier. Michel, Jean-Pierre,

Auguste, Jean-Baptiste, tous ses fils sont barons. Marie-Solange se mariera et deviendra princesse de La Tour d'Auvergne. Quant à Marie-France, elle pourrait bientôt être comtesse, ce qui est deux crans au-dessus de baron. Toutes ces promesses ne consolent pas leur mère. L'abbé, évidemment, compatit.

– C'est affreux, la tristesse d'une mère privée de ses enfants ! Comme madame d'Aligny paraît vide lorsqu'elle parle d'eux…

Et la mienne alors, je ne lui manque pas ? Si j'en parle, l'abbé change de sujet. De toute façon, nous ne l'évoquerons jamais à la table des d'Aligny.

– Madame la baronne est servie, annonce Madeleine Jovin.

La servante me rassure d'un clin d'œil discret, et me place à la droite de la maîtresse de maison.

– Nous serons donc quatre, dit le baron.

Chez les nobles, on dit le nombre de convives en passant à table. Je trouve cela élégant, je le referai chez les Dallau.

– Madame la baronne, dépêchons-nous, jamais nous ne déjeunons à l'heure en cette demeure, lance l'abbé.

Même ici, il rouspète. Nous nous asseyons après le bénédicité.

Chacun de leurs gestes, chacune de leurs intonations semblent cousus sur mesure, avec naturel. Leur français pointu a une saveur musicale. Ni les passions ni les antipathies ne sont visibles. Au-dessus de la nappe brodée aux armes des d'Aligny, le respect forge tout le comportement. Je ne mettrai pas mes coudes sur l'amidon.

Le baron évoque mon avenir. Il emploie le mot «débouché». Sur un ton neutre et bienveillant. À cette table, je me sens à l'aise. Des nuances m'échappent encore un peu dans la richesse de leur langage. Ils me vouvoient aussi; au lieu de m'intimider, ça me rassure. Et le baron rompt le pain après l'avoir signé d'une croix, comme Nénesse. Il faut que je coupe ma viande en petits morceaux, pour qu'on ne me voie pas mâcher, il faut que je pose la lame de mon couteau pile sur la fleur de lys en porcelaine. Et que j'avale du riz, qui me dégoûte.

– Voyons, cher René, parlons maintenant de votre scolarité sans entrer dans vos déboires familiaux.

«Déboires familiaux», c'est le nom qu'il donne à ma mère.

– Pardonnez-moi, cher baron…

Quand madame d'Aligny coupe la parole à son mari, elle lui présente ses excuses. Et le baron, quand il est interrompu par sa femme, les lui présente aussi.

– Je vous en prie…

Je note. Je vois, je retiens tout.

– Personne, très cher René, ne doit ni ne peut vous interdire de vous présenter au certificat d'études, le saviez-vous? La loi en donne le droit aux enfants de votre âge, sains de corps et d'esprit – et vous l'êtes, je peux en témoigner; la clarté de vos prières d'enfant de chœur le prouve. Je vous recommande d'autant plus de passer cet examen que vous êtes orphelin. S'il le faut, nous réclamerons pour vous en haut lieu, à l'académie, malgré vos différends avec votre instituteur. Le voulez-vous, René? Il le faut!

– Redonnez-m'en juste un peu, marmonne l'abbé à la servante en lorgnant le canard pour la troisième fois. Je ne mange plus guère.

– Alors René, réponds donc… Soumets-toi, tu iras, je te l'ordonne.

– Le voulez-vous, cher enfant? Soyez courageux, allez…

Madeleine Jovin me renouvelle son clin d'œil tendre. Étrangement, leur douceur me fait mal au ventre. Être digne d'intérêt suscite en moi la tempête.

– Oui, je le veux, madame, pour… emmerder Peronna! Pardon, madame la baronne, j'irai, je le promets, messieurs dames, c'est juré!

Le silence tombe du haut plafond de la salle à manger. Je redoute l'alléluia crispant de l'abbé, mais, repu, il part faire sa sieste dans la chambre d'Anne de Bretagne. Le baron m'autorise à monter sur les remparts du château.

J'y cours d'une traite, sans respirer. Sans penser. C'est un jour à surmonter mon vertige. Je me colle au mur, j'ouvre à peine les yeux tellement le vide m'attire. Leurs jardins flous tanguent autour de mes pieds. Vivre, c'est surmonter ses vertiges.

Et puis nous rentrons, l'abbé et moi.

– Je ne te comprends pas, tu aurais pu tout de même dire au revoir et merci à nos chers d'Aligny. Ils sont si dévoués avec les simples d'esprit. Toi et moi, maintenant, nous allons ensemble aux Bornilles.

– Première nouvelle.

Qu'est-ce qu'il va faire chez les Dallau ? L'abbé ne mesure pas sa cruauté. Je ne suis pas simple d'esprit. Il roule au milieu de la nationale, en laissant tinter par la vitre ouverte les grains de son chapelet.

– Regarde la campagne en cette saison, prends toute cette beauté que Dieu nous donne, petit frère.

Il ne parle jamais de la campagne, souvent j'ai l'impression qu'il ne la voit pas, qu'il ne voit rien, happé par l'esprit au point de ne plus être avec nous sur terre.

– Réussis ton certificat d'études et sors-toi de cette impasse, que ce beau soleil ne se couche pas sur ta colère. C'est écrit dans la Bible, René, et c'est l'une des plus belles phrases de Jésus.

Je la connais, Tony, un homme me l'a déjà apprise avant toi et je ne l'oublierai jamais. J'aimerais lui raconter Nénesse, mon ancien bonheur au Rondet, mais l'abbé ne m'en laisse pas le temps.

– Montre-leur tes capacités à tous et tu ne demeureras pas un garçon trompé. Ne m'appelle pas Tony aux Bornilles, devant eux, là-bas, ah, si je n'étais pas prêtre... Sers-toi de tout ce que je t'ai enseigné par les livres !

En arrivant, à ma stupéfaction, dressée au bord de la cour, il y a la Sabatier.

– Quelle joie de vous saluer, madame Sabatier, quel beau dimanche, un rien brumeux ! Chère Jeanne Dallau, on ne vous voit jamais à l'église, je me demande bien pourquoi, Dieu est miséricordieux pour les Blancs et même les rouges. Dieu a tout partagé !

L'abbé se garde bien de franchir le seuil de cette maison, la cour lui suffit pour s'expliquer.

– Donc, notre René se présentera seul à l'examen du 26 juin prochain ; n'est-ce pas, petit frère, que ton âme est guérie ?

– Ce cher trésor d'Âme seule, minaude Jeanne.

L'assistante sociale pique du nez vers moi.

– Tiens, mais pourquoi vous ne portez plus votre médaille ? C'est entendu pour le 26 juin. Quel numéro aviez-vous, déjà ? Bon, je vérifierai, en attendant allons voir ce que fait mon 974.

Elle ouvre la portière de la voiture, sur laquelle, plus discrètement qu'autrefois, est inscrit «A.P. PRÉFECTURE DE LA SEINE».

– Voilà, je vous présente Michel Visconti, il a huit ans.

J'ouvre des yeux ronds sur un chiard, un petit gars, comme moi quand je suis arrivé ici il y a quelques années, pareil. Groggy, hagard d'être resté couché sur la banquette arrière. Perdu dans une culotte trop grande. Où va-t-il dormir? Pas avec moi dans le lit, quand même! Mais non, tout le monde a déjà compris, sauf moi. C'est moi qui pars, et Visconti prend ma place.

Villard, d'un bond, jaillit de mon sang.

– Vous avez tout combiné d'avance.

Je ne m'en rends pas compte, mais je crie, les tempes me cognent. Très bien! Tant pis! Tant mieux! D'accord, je suis d'accord!

Sabatier me reprend :

– Vous voyez juste et loin, Villard, je vous emmène à Saint-Amand, où vous vivrez au foyer en attendant de passer l'examen à Saulzais-le-Potier.

L'abbé Angrand m'oublie déjà, il hérite d'une nouvelle brebis et détaille Visconti.

– Alors Michel, petit frère, vas-tu à l'église, es-tu baptisé?

Tony aussi me laisse tomber. Dans la voix de ce môme, j'entends la mienne. Je me fais mal à travers lui.

— Je préfère qu'on m'appelle Meaulnes, j'arrive d'Épinay-le-Fleuriel, c'est là, tout près. Ce matin encore j'étais chez les Danjon, depuis un an, mais à cause de leur fille trop bête, ils me gardent pas.

— Ah… c'est toi, le grand Meaulnes ? je fais.

— Non, je suis le petit. Meaulnes, c'est mon pays, et on m'a donné ce nom : Meaulnes Visconti.

— Moi, on m'appelle l'Âme Seule, c'est mon surnom…

L'abbé me glace d'un regard. Devant sa voiture, Sabatier m'attend. Jeanne Dallau s'arrache un poil du menton devant le trousseau tout neuf. À voix haute, sans me retourner, je crie :

— Que le soleil ne se couche pas sur ta colère, petit Meaulnes Visconti.

Saint-Amand, 20 juin 1960.

Cher Tony, mon ami,

Pendant longtemps, je n'ai rien pu écrire.

Ce matin, à moitié réveillé, une ronde de visages a traversé ma tête, Fadet, la Biaude, Traîne-Bouchure, l'Hortense et ses gros seins, Peronna et même Jésus sous sa couronne d'épines. J'aimerais revoir Anne-Marie, et les gitans. Maman, je t'aurai, mais voudras-tu bien de moi? Nénesse, qui grince des dents, Mône doit avoir des cheveux blancs. Jeanne, elle, a triomphé, grâce à ce que rapporte le petit Meaulnes, elle l'aura, sa télévision. À La Preugne, avant de partir, j'ai relâché tous mes animaux et je n'ai emporté que mes livres. Au foyer de Saint-Amand-Montrond, je parle tout seul dans ma chambre personnelle, mais la salle de bains est à tout le monde.

Les autres crient dans les couloirs. Une fille de vingt ans masque sa détresse sous une double couche de maquillage. Pendant la détente, je lui grignote un sourire, une parole heureuse. Sinon, tous les autres sont pareils à des ombres, traînant des pieds.

Je n'enverrai pas cette lettre à Tony. C'est comme si je m'écrivais à moi-même.

Saint-Amand, le 22 juin.

Cher Tony, mon ami,

C'est bientôt les vacances. Par une chaleur de four, je révise comme tu me l'as demandé, même si je préférerais me baigner dans l'eau trouble avec les poissons-chats. Mon voisin de chambre ne me dit jamais bonjour, il ne fait qu'écouter des chansons, je les entends à travers la cloison. Sur ce mur, j'ai collé l'image sainte que m'a offerte madame la baronne.

Le soir, de mes fenêtres, les étoiles sont si proches, j'aimerais bien disparaître dans leur lumière, comme toi, mon cher Tony. Je te salue, mon curé,

Ton petit René.

P-S : Parfois je fais aussi les courses pour la cuisinière. Marie-Louise est sympathique, un peu vulgaire avec sa

Gauloise au bec. Mais, rassure-toi, elle croit en Dieu. C'est une rouge pourtant! Sa robe, ses joues, ses opinions, tout est rouge ici, comme les rideaux du bureau de Sabatier. J'espère te croiser un de ces jours à la librairie. Au fait, je voulais te dire que la libraire ne s'appelle pas madame Villard, mais madame Heuré. J'espère connaître bientôt la personne qui porte le même nom que moi dans cette ville! Fais-moi signe…

— Je te dérange?

— Tu vois bien que je me rase.

C'est un grand gars blond, torse nu dans la salle de bains. Il a cet air sûr de lui des orphelins qui ont la liberté d'aller en ville. Ils travaillent tous à l'imprimerie Bussière. Au foyer, je suis le plus jeune, alors c'est difficile d'avoir la salle de bains, surtout avec toutes ces crâneuses qui se crêpent les cheveux et se charbonnent les cils en petite culotte. J'aime pousser la porte en faisant croire que je ne l'ai pas fait exprès. Minouche a les cheveux trempés et termine de rouler son bas sur le haut de sa cuisse, chouette, elle est en soutien-gorge. Hier, j'ai vu sa copine à poil à travers le rideau de douche.

— Tu veux voir quoi, péquenaud? Même pas sevré, tu ne penses quand même point que je vons te rouler un patin avec ce duvet qui te pousse au menton!

167

– T'as qu'à fermer le verrou…

Dire qu'il faut vivre avec ça. Pour qui elles se prennent, les dactylos, elles me traitent de plouc, comme si on n'entendait pas qu'elles ont toutes hérité de l'accent berrichon.

Le pire, c'est quand Armanda tape sans répit sur le piano du salon rouge, elle se la joue Beethoven.

– Regarde, t'as vu ma robe, je me suis fait la même que Bardot, glousse Martine.

La fille à lunettes qui ne veut toujours pas me dire son nom lui rétorque :

– J'aime mieux le style à Demongeot.

Marie-Lou débarque au salon :

– Protégez-vous, mesdemoiselles, Armanda n'aime pas les hommes.

– Elle a bien tort. Moi, je n'aime que ça ! Surtout les Américains, et j'en fréquente un à la caserne de Châteauroux.

Elles pouffent. Au salon rouge, on parle chiffons, couture, les garçons n'y viennent jamais, sauf moi, pour savoir ce que les filles ont vu au cinéma.

– Je suis Jacqueline Zotoff, mes parents nourriciers habitent Saulzais. René, tu connais Saulzais ?

– Non, mais j'y vais lundi pour passer mon certificat.

– T'es mignon, René, t'as l'air ben seul.

– Et toi, Jacqueline, tu es belle comme Gina Lollobrigida.

– Jamais vu sa photo, j'espère qu'elle est bien au moins, cette Gina.

En voiture, quand je passe devant les Bornilles, il faut que je baisse ma vitre pour prendre une bouffée d'air, sans regarder la maison, sinon c'est comme un clou qui me traverse. Pourtant je suis détendu, j'ai beaucoup caressé mon corps ces jours derniers. Peronna me souhaite bonne chance et s'en va sans saluer personne. Sous le préau, pour relaxer ses quatre candidats, il leur fait chanter *Colchiques dans les près*. Je t'en foutrais, des colchiques. Il me jauge, il a des yeux derrière la nuque, ce type-là. Il me frapperait s'il pouvait. Qu'il me touche et je lui saute dessus…

Les portes claquent à travers toute l'école, et soudain, au moment où on distribue les feuilles d'examen, je m'éloigne du monde.

Respire à fond.

Je me connais maintenant, je sais me servir d'une gomme et d'un crayon. Je n'ai plus de mouchoir, on me l'a sans doute volé.

En laissant glisser les mots sur le papier, je pense à autre chose, le texte de la dictée me paraît facile. Je ne ressens rien. Je suis venu jusqu'ici pour vivre ça. Que ça. Roucoulez, roucoulez, les tourterelles dans la cour. Je sais où la Loire prend sa source. En calcul,

169

j'ai un doute, bof. La vieille histoire du robinet qui fuit. Aïe aïe, ça fait mal, je me suis rongé un ongle au sang, je ne vais pas tacher la feuille.

Récréation.

Entre deux épreuves, un candidat s'est évanoui. Il n'ira pas au bout. Ça m'a coupé la faim, j'ai laissé mon sandwich au pâté.

Reprise.

Pour les sciences naturelles, ça va. En histoire, je me souviens des Mérovingiens et de Pépin le Bref. Pour terminer, on tombe toujours sur les fables de La Fontaine, tsoin tsoin. Fini.

Certains enfourchent à toute vitesse leur bicyclette sans attendre les résultats. Les hirondelles volent bas, il va pleuvoir. Quatre heures, Saulzais carillonne pour saluer l'arrivée des parents des environs. Dès la lettre A, Sabatier apparaît au bout de la cour. À la lettre V, ni elle ni Peronna ne serrent les lèvres… Moi, je vais mourir.

– René Villard, 1er prix d'orthographe du canton de Saulzais-le-Potier 1960.

Sabatier me saute au cou, je lui baise les mains comme si je l'aimais.

– Je vous remercie, madame, je vous remercie.

– Non, c'est moi. Monsieur l'abbé va être fier de vous, et monsieur Auffort, directeur de toute l'Assistance publique maintenant, à Paris, il a eu raison de vous faire confiance. Rappelez-vous qu'il vous a permis de voir la mer.

Je jette ma chemise en l'air, j'ai envie d'être torse nu sous la pluie. Mais la Sabatier n'a pas de temps à perdre, pas le temps de se réjouir du présent que, déjà, elle me tend ses petits paquets d'avenir :

— Dès la mi-octobre, vous serez dans l'École du bâtiment, à Felletin.

— C'est où, ça ?

— Dans la Creuse... En attendant, je ne puis vous laisser vivre à votre guise et devenir un mauvais sujet crasseux. Je vous ai trouvé un travail moyennant pécule... Voulez-vous faire office de commis, quelques heures par jour, à la laiterie des Graine-tières ? Le midi, vous serez nourri...

— Si c'est payé, je veux bien, madame Sabatier. Combien ?

— Nous verrons, c'est moi qui négocie.

— Négociez, madame.

— Il faut aussi que je vous rassure : votre mère a cessé de nous créer des ennuis.

— Ce que je ne veux plus madame, c'est qu'on me coupe les cheveux.

Un instant, elle me fixe, intriguée, puis ses yeux reprennent leur froideur. Au sujet du coiffeur, elle glapit deux-trois fois, pour la forme. J'ai vraiment envie de lui dire merci. C'est une chance, ce travail.

Dès six heures du matin, je traverserai la petite ville de Saint-Amand endormie. J'ai l'espoir.

Ma patronne est aimable et jeune, en tablier blanc avec un bonnet de plastique sur la tête. Son père est en chaise roulante, elle tient seule la laiterie à bout de bras.

Ça m'amuse, de tremper les mains dans l'eau chaude pour laver des moules à fromages, et il y a la radio.

> *Nous irons vers la victoire…*
> *Le jour est long, le jour est long*
> *Et l'espoir est tout au fond…*

J'aime la voix de Dalida.

Tous mes après-midi sont libres, je vais au café de la Rotonde rendre de menus services contre un diabolo-menthe. J'observe la rue, les visages qui changent.

— Va me chercher le journal et jette la monnaie dans le juke-box pour tenir l'ambiance, me dit madame Lacroix. Quel âge as-tu ?

— J'ai quatorze ans.

— Fais attention, ne dis pas bonjour à tout le monde. Tu vois ce monsieur accoudé seul à la table du fond, c'est Jean Genet, un grand écrivain. Il vient toujours à Saint-Amand surveiller l'impression de ses livres, il s'intéresse aux garnements comme toi.

Je rêve de pouvoir m'offrir un jean, une chemise rose et une paire de chaussures. Il n'y a pas de madame Villard à la librairie de Saint-Amand, j'ai encore demandé. Tony m'a oublié ou bien il m'a menti. Je ne prie plus. J'ai ravalé mes rires puisqu'il ne m'écrit pas. Bientôt j'aurai une paire de chaussures à moi, la mode n'attend pas.

Comme serveur à l'auberge de Sansergues, je n'ai pas tenu le coup longtemps. J'ai lâché le plat de langoustes au nez des clients. Tous ces torchons sales à laver et le reste, madame a mauvais caractère, madame sent le boudin frit, madame garde mes pourboires… Je dois marcher droit en montant les étages pendant que son gigolo se prélasse sur un sofa. Huit jours m'ont suffi.

C'est à Sancoins, au relais-restaurant, que je deviens barman. Madame Thomas est simple, maquillée, élégante.

– Dommage que tu ne restes pas, je t'aurais bien gardé, j'aurais pu faire quelque chose de toi.

C'est à moi de faire quelque chose de moi.

Les jours de foire aux bestiaux, dans sa robe noire, la patronne rutile de perles. Moi, je m'enhardis sous les encouragements des marchands qui tapent dans leurs pognes quand la bête a été vendue sur la place.

Ces hommes aiment la patronne, et elle, elle ne fait pas semblant de remplir leurs assiettes. Au relais de Sancoins, on vient des quatre coins de la France. Dix fois, je compte mes pourboires.

– Es-tu déjà monté dans la bonbonnière d'Irène ? C'est pas pour rien qu'elle a les yeux cernés.

Madame Thomas ne veut pas que je l'appelle madame Irène. Son prénom, elle le réserve aux adultes.

– Je ne suis pas tenancière, je suis une femme seule qui vérifie les additions. J'aurais aimé avoir un fils comme toi pour faire tourner la maison. Il y a bien ma serveuse, mais elle n'a pas de tête et elle sort trop le soir.

J'épie la jolie linotte à travers la serrure de sa porte, face à la mienne, dès que j'entends couler l'eau du lavabo. La petite brune cambre sa poitrine et glisse le gant de toilette sur son corps potelé. Elle se plaît, et vas-y que je me tourne, que je me plie, que je me penche pour m'observer de la tête aux pieds.

Mais qu'est-ce qu'elle fait ? Elle se caresse les poils entre les cuisses ?

J'ai bougé, le parquet craque.

– Il faut que je vous parle, a dit la serveuse à madame Thomas. René est un vicieux, ça ne peut plus durer.

– Où vas-tu chercher ça, mignonne ? Et quand bien cela serait, il lui en faut, c'est l'âge qui tourne !

Souvent nous restons tous les deux, tard, à préparer le service du lendemain. Il n'y a plus guère qu'un dernier voyageur, parfois. Madame Thomas ne supporte pas les ivrognes; passé huit heures elle les fout dehors pour ne pas être victime de sa beauté. Près d'elle, je compte les pourboires sur la table aux additions. À la lueur d'une lampe de chevet, un bouquet embellit son visage. Lentement, ses ongles rouges se promènent sur les cartes de tarots.

– J'ai fait presque 20 000 cette semaine. Tu as bien travaillé. Dommage que tu partes, mais va, va vers tes quinze ans.

Elle connaît ma vie, je lui ai raconté le Rondet, les Bornilles, jusqu'aux cris de la mort du cochon. Quand je fais ma valise, elle me serre dans ses bras, jamais je ne suis resté aussi longtemps dans les bras de quelqu'un.

Dans quelques jours, je rejoindrai l'École du bâtiment, à Felletin. Pendant que je longe la haie au bord de la forêt de Meillan, soudain, un visage apparaît, c'est celui de madame Thomas. J'aurais pu être un très bon garçon de café.

Je ne retournerai pas dormir au foyer de l'enfance. C'est mon dernier samedi. Je préfère faire du stop sous un ciel mauve et noir jusqu'à la forêt de Tronçais.

L'automne dépouille lentement les arbres, l'eau ruisselle dans les fossés. Mais je trouve qu'aucune saison n'est triste. Avant de partir, je voudrais voir le cerf, roi de la forêt. Je voudrais l'entendre bramer.

Il suffit d'avancer sous les arbres fondus par la nuit, doucement, sans faire craquer une branche morte, et de ne pas effrayer les biches dans la clairière de Vitray.

Assis sur une planche, au sommet d'un arbre de guet, malgré mon vertige, j'attends. Le temps a passé. On n'entend pas venir un cerf, brusquement, comme au dernier moment, on le voit. Dans la lumière fraîche, ses bois fendent l'air en silence. Sa gorge, son cou sortent de la futaie et se figent. Rien ne bouge. Sur ma planche, j'en tremble. Et là, dans l'aube, je vois l'autre. Ils sont deux cerfs, juste sous mon arbre. Deux bêtes crachant de la vapeur. Dressés, ramures mêlées, les deux mâles soyeux font claquer leurs bois comme un feu de broussaille. Je compte les coups en enfonçant mon index dans ma paume. C'est une lutte très lente d'abord, puis un des deux cerfs prend le dessus. À la dernière charge, je crois que leurs bois vont voler en éclats. Le plus jeune se dérobe. Son cou s'affaisse, il s'éloigne de son rival en soufflant vers le sol. Je ne respire plus. Le vertige me prend. Je vais tomber de l'arbre. En bas, les biches entourent le vainqueur, elles le lèchent, ce gros dégoûtant. L'animal claironne sa victoire, il dresse son brame vers moi, les naseaux pleins d'écume.

— Je t'en supplie, laisse-moi partir, va, mon Roi-Soleil, je ne reviendrai plus.

LIVRE II

Attention, on peut te piquer ta place. Fais gaffe aux voleurs. Moi aussi, je vole, l'argent, c'est le nerf de la débrouille. Tous les moyens sont bons pour en avoir. Attention aux balances, y en a partout qui traînent, l'homme au chapeau melon qui arpente jour et nuit le boulevard de Clichy trafique dans la photo porno et renseigne les flics. Comme ces marchands de fleurs qui offrent leur bouquet, au *Pingouin*, ils écoutent tout ce qui se dit parmi la faune des paumés du petit matin. Ils ne parlent pas français ? Mon œil ! Ils le parlent très bien avec les poulets, pour récupérer leurs papiers d'identité.

J'ai le creux. C'est la faim. Maman, maman, j'ai déjà donné mon sang contre un repas chaud. L'infirmière qui recrute au camion a bien dû remarquer que j'avais quinze ans et que le col de ma chemise était sale. Je baise sans aimer, jamais pour de l'argent, ni avec les vieux qui ont passé vingt-cinq ans. Je n'embrasse pas, je n'aime pas la salive, ni la voix de ceux qui prennent des gants pour te caresser la peau. Je veux dormir dans un lit et prendre une douche. Laver mon slip et mes chaussettes dans un lavabo. Je ne tiens pas à être enfermé dans une prison affective. Je dois tricher pour que mes mensonges accrochent, jusqu'à ce que quelqu'un prenne le risque de me dire :

— Viens.

J'aurais peut-être décroché un brevet de maçon à Felletin, si je n'avais pas eu le vertige. Je me suis fait peur en tombant d'un échafaudage. Trois semaines après mon arrivée, j'en suis reparti. Sans remords.

– Villard, tu détiendras bientôt le record de la fugue si tu t'obstines à t'évader des centres d'apprentissage. T'iras moisir en taule quand tu les auras tous faits.

Monsieur Auffort perd patience, c'est lui maintenant, le grand dirlo de l'AP. Il me convoque, m'engueule et me baffe dans son grand bureau parisien.

Y est-il seulement jamais allé, lui, à Felletin?

Là-bas, chaque matin, dès que tu ouvres les yeux, tu ressens l'amertume. Dans la brique rouge, tu attrapes la crève.

«Quoi, qu'est-ce qu'il y a? Pourquoi tu me regardes comme ça?»

Je réponds : «L'École du bâtiment, c'est pas fait pour moi.» Mes voisins de table vont et viennent, la truelle à la main. Rien ne m'inspire. Mélanger du ciment à du sable, j'ai compris, et jauger la quantité d'eau pour que le mortier adhère. Le contremaître est un lyrique : «Regarde ce que tu fais. Donne-toi. Fais-toi des mains rugueuses, un trésor est caché dedans… Allez, vas-y, taille le granit.» La pierre est dure, froide, et mon ciseau dérape. «Attention, un éclat pourrait te crever l'œil. Et sers-toi de ton fil à plomb, tu vois bien que ton muret n'est pas droit.»

L'horizon est gris, gris, souvent gris. Aux repas du soir, mes plaintes me rapprochent parfois des apprentis, parfois on se fiche de moi. En plus, je suis aux ordres de ces brutes de profs qui se moquent de mes traits et de mes gestes efféminés. Je me laisse traiter d'Hercule. La force des uns, les préjugés des autres me laissent un goût d'injustice.

«Hercule t'encule.»

«Arrêtez, vous voyez bien qu'il n'est pas bâti pour le bâtiment», répond mon compagnon de chambre. Un gros bras. Je l'aime bien, ce type-là, il dort en dessous de moi dans notre lit superposé. Je le regarde d'en haut s'étirer, nu, sans drap, la bouche ouverte.

Le sifflement du dernier train de nuit fait trembler les vitres.

Décidé à revoir l'abbé Angrand, je n'ai pas eu à lever le pouce longtemps pour descendre de la Creuse jusqu'au Berry. La Prairie bleue de la mercerie Phildar s'est arrêtée.

— Où vas-tu de si bonne heure? Il fait à peine jour!

La conductrice a le visage chiffonné.

— À La Celette.

— Où ça?

— Là-bas, vers Saint-Amand.

— Monte. C'est ma route. Passe à l'arrière de la camionnette, il n'y a pas de place devant, avec tout ce fourbi. J'ai besoin d'une petite heure pour mon travail, si tu n'es pas trop pressé.

— Si, merci quand même, mais j'ai rendez-vous. Je vais voir monsieur le curé. Ma mère est très malade. J'ai reçu un coup de téléphone, elle va mourir.

Qu'est-ce que je mens bien. Si elle savait que je ne me suis jamais servi d'un téléphone. Mon bleu de travail taché de plâtre m'aide à lui faire avaler mon histoire.

— Il faut que je la voie, elle a un cancer, ma mère.

— Mon pauvre garçon. Et que fais-tu dans la vie?

Elle ne me demande pas mon nom. Je préfère la faire parler d'elle. En général, plus on les fait parler d'eux et plus les gens t'oublient.

185

– Ça coûte combien, vos pelotes? Ça dépend de la couleur?

Elle m'offre un cordon blanc pour attacher mon balluchon, avant de me laisser devant l'église.

– Garde-le en souvenir de notre rencontre. Au revoir, jeune homme. Sois courageux.

Ça commence à m'ennuyer, le courage.

Je frappe à la porte entrebâillée. Clémentine ouvre, emmitouflée dans son châle mité.

– Môsieur le curé n'est pas là.

Marie accourt, emprunte le châle de Clémentine et repousse la porte.

– Môsieur l'abbé doit se reposer.

– Je suis là!

Tony s'avance, mais il ne me propose pas d'entrer.

– Qu'est-ce qui t'amène, René? Je te croyais à l'abri en pension.

– Non, je n'irai plus et je ne prierai plus. Je pars à Paris. J'ai des économies. Je veux retrouver ma mère, Blanche. Je suis venu te dire adieu.

J'ai tellement de choses à lui demander que je préfère me taire. Et, pour une fois, il n'a rien à répondre. C'est rare, un silence de l'abbé Angrand.

– J'en ai marre, de tous les gens qui mentent. Vous aussi vous mentez, Clémentine. Tony, il était là.

– Pardon, monsieur René, vous avez un peu grandi.

– Taisez-vous, fait Tony, vous saviez bien que j'étais là !

Il a pris sa voix d'abbé, sa haute voix des sermons qui m'écœure aujourd'hui – à quoi bon le sermon, il n'y a que nous, lui et moi, chacun d'un côté du seuil.

– Il faut savoir mentir en certaines circonstances. Dieu nous le pardonnera si nécessaire. René, je t'ai donné ma parole et je l'ai aussi donnée à d'autres. Je ne pouvais rien te dire sur ta chère maman.

Mes yeux brûlent. Un prêcheur, un homme de Dieu, ment quand ça l'arrange.

– René, écoute, il y a des âmes que le chagrin épuise, je m'en suis occupé. Mais, pour les affaires terrestres, je n'en suis ni juge ni garant, ce n'est plus à moi que tu dois venir. Attends, j'ai quelque chose pour toi.

Il s'enfonce dans le presbytère et revient, un livre à la main.

Il n'y a pas que les livres dans la vie.

– J'ai tout fait pour que tu ne restes pas à La Celette, à porter le drapeau au monument aux morts. Ton âme est trop sensible pour y devenir fossoyeur. Pour le reste, pardonne-moi.

Rigide, d'une main, il me tend un livre : *Sous le soleil de Satan*.

Sa voix s'apaise.

– Reviens quand même me voir, petit frère. Va maintenant, avec l'aide de Dieu, il me reste tant de choses à faire. Souffre, mais ne gâche pas ta foi.

Je traverse La Celette pour la dernière fois. La mère Aubonnet est encore à sa fenêtre. Pour rallier Gien, ville morte, j'ai changé de nom trois fois, et inventé des drames. Quand je mens, je me sens libre, je me sens bien. Audacieux et tranquille, j'ai beaucoup de plaisir à rencontrer des gens que je ne connais pas.

Dans le camion, le chauffeur observe ses ongles en pliant ses doigts un à un. Mes boyaux se tordent.

– T'as faim ?

– Non, j'ai mal au ventre. Il faut que je rentre vite à Paris.

– Je te déposerai à La Villette.

Dans les descentes, le camion vibre sous le poids des bestiaux. Au fil de la route, l'accent change dans les bistrots.

– La France, elle est bien comme elle est, lance-t-il en avalant ses tripes au vin blanc.

Dans les toilettes, je me change et je plie soigneusement mes billets de cent francs avant de les enfouir dans la petite poche de mon jean. Et je tire la chasse d'eau.

– T'as pas de manteau ni de veste ?

— Non, fait trop chaud, j'ai mis deux pulls.

Le camionneur va où on l'attend, et moi j'irai où je veux. Son crâne brille dans la puissance des phares, ça m'éblouit, lui, il chantonne en tapotant son volant.

> *De t'aimer follement, mon amour- our!*
> *De t'aimer follement nuit et jour- our!*

— Au fait, c'est comment, ton nom, petit gars? Moi, c'est Charles.

— … Moi aussi, c'est drôle… C'est Charlie. J'habite à Pigalle.

C'est le seul nom que je connaisse à Paris, Pigalle.

> *Un petit jet d'eau*
> *Une station de métro*
> *Entourée de bistrots*
> *Pigalle!*

— Tu vas me présenter des filles, là-bas, p'tit gars.

— Je ne les connais pas toutes.

— De toute façon, j'aime trop ma femme. Allez, profites-en pour en écraser une à l'arrière.

Je rampe vers la couchette avant de sombrer dans une odeur d'étable et de désinfectant.

— Réveille-toi, Charlie. Tu le fais exprès ou quoi? Tu ne sais plus où tu habites?

Instinctivement, je glisse un doigt dans la petite poche de mon jean. Mes billets sont bien là.

Les bêtes s'affolent, résistent, puis piétinent dans la fumée des tuyaux d'échappement.

– Salut, Charlie, je les emmène à l'abattoir.

– C'est la vie, Charlie.

Terminé, René. Terminé, Charles, Charlie… l'Âme seule. Bâtard. Je veux à présent des noms tout neufs et qui ne durent pas. Un néon crache du bleu sur dix mètres, des flashs pour la brillantine Vitabrille. Des colosses courent avec d'énormes quartiers de viande en travers de l'épaule. L'aurore est grisaille, et leurs blouses sont tachées de sang. À toute vitesse, je m'engouffre sous la terre par une bouche de métro. La première chose qui me frappe dans ces souterrains, c'est l'enfance. Cette odeur. Je pourrais me pelotonner dedans, à attendre. Attendre quoi ? Avance et lâche ce balluchon ridicule. En prenant un ticket, discrètement, je l'oublie par terre.

– S'il vous plaît, pour aller à Pigalle ?

– Tu ne peux pas te perdre, me rassure le poinçonneur de La Villette. C'est le bon quai. Changement à Stalingrad. Et puis Nation-Dauphine…

Il parle si vite que je n'ai rien compris. Autour de ses godasses, il y a des confettis. Je les ramasserais bien, mais j'en ferais quoi ? Soudain, un boucan de fin du monde sort du tunnel, la rame grince sur les rails. Tout me revient comme si c'était hier. Je ne monte pas dans le wagon rouge. Je suis petit, avec Blanche, dans l'enfer. Fermeture des portes. Personne ne regarde personne. Stalingrad. Il a bien dit Stalingrad, oui, Stalingrad.

— Madame, pour aller à Pigalle ?

— C'est la 9. Prenez Dauphine, mais ne me suivez pas, je vais dans l'autre sens.

Je ne compte plus les allers-retours sur la même ligne, Dauphine-Nation/Nation-Dauphine. À priori, Pigalle se trouve entre Anvers et Blanche. J'ai la trouille de ne pas avoir racheté de billets depuis ce matin, toutes les casquettes, toutes les silhouettes bleu marine me foutent un coup au cœur. Sur les affiches, bébé Cadum donne envie de l'embrasser, sa jolie peau égaye le blanc des carreaux sur toute la ligne. Il veut me vendre un savon.

Station Anvers.

Je descends à la prochaine. Et puis non, encore un tour, c'est confortable. Et puis bon, enfin, je descends : je monte sur Pigalle. L'affluence est dense. On doit ne regarder personne, même pas un vieux qui gît la main tendue.

Je suis un paysan paumé dans le crachin de Paname.

J'hésite comme un petit garçon qui marche sur un toit. L'astuce, c'est de traverser le passage clouté quand le feu est vert. Boulevard de Clichy, les trottoirs sont trop étroits et les murs infinis. Je prends au milieu de la longue artère bordée de platanes. Ça sent la frite. Faut que je bouffe. Je n'ai aucune idée de l'heure qu'il est. Te presse pas. Y a pas de danger. Une femme aux hanches épaisses donne à manger aux pigeons. Sa poitrine gonfle son corsage. Cet autre, là, près du banc, n'a pas l'air de savoir où il va, on dirait un magouilleur, il a les cheveux gras.

À voir la foule devant le Rialto, Maciste doit faire un triomphe. Il faudrait que je trouve un boulot. Mes oreilles sont en feu, mais j'ai des couilles. C'est moche, novembre, ici. Place Blanche, me voilà. Un vendeur de journaux gueule sa nouvelle au pied du Moulin-Rouge. C'est un boulot pour moi, ça. Je le rejoins sur le trottoir. Faut que je bouffe… Non, il ne me plaît pas, il a des verrues sur les mains. Ne pleure pas. Laisse passer le corbillard vers le cimetière de Montmartre. Les Parisiens ont beaucoup de sens pratique, le nom des rues est inscrit sur les immeubles. La place Clichy est trop vaste, arrête-toi là, ne dépasse pas le cinéma. Prends le Gaumont-Palace comme repère. L'immense affiche recouvre tout l'immeuble, un char romain se renverse sur le sable orange. La brise agite les grands yeux pétrole des actrices voilées. J'admire le nom des vedettes en énormes lettres rouges. Belinda Lee. Sheila Alonso. Qui joue la reine de Saba? J'irais bien voir ça, en cinérama. Garde ton argent pour bouffer, tu peux tenir au moins huit jours. Je reprends le trottoir zébré de craie jusqu'au café Graffe. Des femmes fières ouvrent leur manteau de fourrure en tirant les hommes par le bras. De plus près, elles ont la glotte au cou. Des poils de barbe encrassent leur maquillage épais. Elles sont trop grandes, leurs jambes trop musclées. Un monstre me fait rougir de sa voix grave : «Ho, le joli petit minet! Plus tard, celui-là fera un beau pédé.»

Elle est raide, la rue Lepic, j'ai couru, tant l'illusion a glacé ma curiosité. Je sens mon cœur battre à travers Paris, léger, où volent les calembours et les bons mots entre les étals, la fumée des cigarettes par-dessus les zincs, l'odeur des primeurs dans l'air humide. Je suis heureux. Jolie laitue, et je m'y connais.

– C'est pas beau, ça? Un franc le kilo!

En voyant du linge pendu aux fenêtres, je rêvasse. J'aimerais habiter là, au premier balcon de cet immeuble décrépi.

Derrière sa charrette à bras, un vieux vendeur me fait signe en jonglant avec ses mandarines. Il m'appelle pour attirer la clientèle. Je lui souris et je m'in-

cline, avant de me poster au coin de la rue Véron.
J'ai trouvé mon restaurant.

À la Cuisine d'Antan.

Repas à toute heure.

– C'est interdit aux mineurs, me dit le serveur aux
oreilles décollées.

– Il faut que je bouffe.

– Ici on ne bouffe pas, on mange. Va-t'en !

– Sers-le, Poupette, allez, t'es vache. Tu vois bien
qu'il a faim, le minet, avec ses yeux en trou de pine.

– On te le demande gentiment, ajoutent des filles
qui boivent du champagne. En plus, il est mignon…

Un gros barbu s'approche, le verre levé. Il est
franc, direct.

– Bonjour, je suis Bernard Dimey… Toi, t'es un
malin, tu choisis bien tes endroits. Cet établissement
n'est fréquenté que par des danseuses, certes de
cabaret, légères…

Il a une gouaille rauque.

– Le serveur en est une !

– Une quoi ?

– Bon, ça va. Qu'est-ce que ce sera, des escargots,
une choucroute, t'as de l'argent ?

Je lui sors un billet qu'il m'arrache des mains.

– C'est pas un faux, au moins ? Prends place, mon
chou, à la tablette de marbre : debout, t'auras pas de

pourboire à donner. Allez, va supporter ta petite gueule dans la glace.

– Je prendrai une saucisse frite avec une carafe d'eau.

J'ai soif. Il y a longtemps que je marche. Une fille s'admire en se dandinant avant de me jeter :

– Hum, t'as une belle bouche. J'aime bien les saucisses.

– J'aime bien ça aussi, mais avec de la moutarde.

Elle s'étire, on dirait un sac d'os.

La gouaille de Bernard Dimey m'éblouit et me gêne à la fois.

– Bois du vin rouge, comme un poète. Je t'offre un verre, jeune homme. «Hors les femmes, seul le vin peut nous réchauffer.»

Je lève mon verre en crânant.

– Je connais.

– T'es gonflé… Où vas-tu?

– Je rentre chez moi, là-haut, comme tout le monde. Mon père m'attend à Montmartre, que je meure tout de suite si c'est pas vrai.

– Rentre direct, poulbot, avec ta frimousse d'évadé.

Tout le monde ment à Pigalle.

Dans une rue vide, engoncé à l'intérieur d'une cahute de la Loterie nationale, le nain s'égosille.

– Tentez votre chance. Tirage demain soir, place de Clichy devant le café du Chat Noir!

L'Armée du Salut fait pâle figure, entonnant un air d'allégresse plaintive dans le soir. Pigalle s'illumine. La fête commence.

HÔTEL - CONFORT MODERNE. Les frotteuses de bitume font du sur-place. Avec la fatigue, tout devient flou. DÉFENSE D'AFFICHER sur la vespasienne. J'entre pour pisser, un homme brun, à terre, me dit que j'ai le cœur pur, en avalant un quignon de pain qui trempe dans l'urine.

Il m'a fait peur, ce con. Je zigzague encore bien après avoir passé le cirque Médrano. CHAMBRES À LOUER. La radio gueule.

– T'as pas vu l'écriteau? Il faut remplir une fiche, t'es mineur. Ici, personne ne monte sans papiers.

La taulière me jette, elle a tellement l'air d'un mec que je lui dis «Au revoir monsieur». Y a plus qu'à se laisser aller jusqu'au square d'Anvers. Ça sent le métissage dans la pénombre. Des silhouettes se donnent rendez-vous à voix basse. Une statue prisonnière dans la pierre m'a dressé les cheveux à pic. La vitrine SINGER s'éteint et l'artère de Barbès-Rochechouart devient trop sombre pour que je sois sûr de moi.

Un bonimenteur croise des cartes sur un carton, à même le trottoir, dans le faisceau d'une torche électrique. Je m'attarde. Et si je gagnais ? Mais j'ai perdu mon billet de cinq francs.

La fureur ne quitte plus mes pas.

Je sens mon cœur battre en explorant les rues adjacentes. Le danger m'attire. Je suis libre et je n'ai personne. Une sueur épaisse coule sur mon front.

Ne reste pas sous l'enseigne lumineuse des cinémas, tu es visible.

Paris, la nuit, sans papiers, c'est la merde.

Un gars, près du métro, a crié. Même en pleine journée, il y a des rafles, tout le monde dit que c'est la guerre d'Algérie qui veut ça. Si je monte dans le panier à salade, on m'envoie au Dépôt, et ce sera retour à la case départ, je serai bon pour l'orphelinat. Il faut avoir l'air d'être né ici, marcher normalement dans la capitale. « Va-t'en faire le tapin ailleurs… Y a plus de vingt ans que je crèche sur mon bout de trottoir, m'a crié une vieille putain. Décampe de là, sinon je vais te faire arranger ta petite gueule d'ange par mon mac. »

On mange tard dans le quartier, ça sent le ragoût. Des voix bavardent derrière les fenêtres ouvertes aux volets fermés. Je longe des murs pleins de croquis de bites et d'initiales. Un girophare approche lentement vers moi. J'ai le temps de me planquer sous le métro aérien. Les colonnes sont recouvertes d'affiches tricolores, malgré la nuit on y distingue ALGÉRIE FRANÇAISE, c'est écrit sur la gueule d'un soldat au poing levé. Quel jour sommes-nous, samedi, dimanche ? Au pied de l'escalier, la pendule indique une heure du matin. Le car de flics ralentit devant le dernier café ouvert et remonte vers Pigalle. J'ai un mauvais pressentiment. Encore un type qui m'en veut. Il sort de derrière la colonne.

– Je te paye, si tu veux ?

Je ne crains plus rien. Je lui dis que je vais lui casser la gueule. Il se sauve. Je ne vais quand même pas m'endormir sous le métro BARBÈS. C'est la sortie de la dernière séance de *Néfertiti, reine du Nil*, au Louxor. Quel jour sommes-nous ? Au café, je le saurai au café. Toutes les nationalités du globe y jouent aux dominos, les mains de manœuvres tapent les tables. Une photo de Françoise Arnould ne tient plus que par une punaise. Je bois du thé à la menthe parce que j'ai froid.

Vanille est seule, assise face à moi. Un coquard lui a jauni l'œil gauche et violace sa peau noire.

– T'as pas une cigarette ? Tu veux m'offrir un verre ? Offre-moi du rhum chaud.

Je le lui offre et elle enchaîne :

– Emmène-moi chez toi. Vanille, c'est mon nom dans le quartier. Une Martiniquaise ne peut boire que du rhum. Emmène-moi, j'ai froid.

Elle s'accroche à mes mains. Elle me supplie, ses frères l'ont foutue à la porte. Le réveil sonne. Deux heures.

– Allez, on va fermer, tout le monde dehors, lance Bamboula.

Je paye.

Vanille ne me quitte plus. Nous marchons sur les gravats. Elle me caresse la nuque sous le porche d'un immeuble branlant.

– Ne parle pas trop fort. Embrasse-moi. Mange-moi la bouche comme une fraise. Mets la langue, j'ai pas la gale. Bientôt il faudra te raser.

Je trouve que ça a un goût salé.

Gravir cinq étages dans le noir, c'est amusant.

– Mais qu'est-ce que t'embrasses mal. T'inquiète pas, c'est samedi, mes frères ne viendront plus.

À peine arrivée sur le palier, elle déboutonne sa robe et se met à caresser son corps de bronze. Presse ses mains sur ses hanches, me happe, me lèche, je me laisse faire. Ses seins sont fermes comme des pommes et bleuissent à la lueur d'un chauffe-eau. Je me sens penaud, fragile, elle descend mon jean à mes pieds, mes jambes flageolent, je suis intrigué quand elle me chuchote à l'oreille :

– Lave-toi.

– Oui, merci, je vais en profiter pour laver mon slip.

– T'es con ou quoi? Oh, toi tu ne sais pas où tu vas, tu ne sais pas où dormir. Attends un peu…

D'un coup sec, elle plante ses ongles dans mes fesses. J'ai envie, mais je ne sais pas de quoi.

– T'es bien monté pour un Blanc.

Elle me prend le sexe et j'ose à peine la toucher. C'est chaud, mon sexe en érection glisse de plus en plus profond dans sa bouche. Quelque part en moi, je retrouve la même sensation, quand on me versait de l'huile d'amande douce dans les oreilles. Comme un phare qui luit. Elle m'attrape de ses dents blanches.

– Pas si fort, tu chatouilles.

Elle gémit et murmure la bouche pleine. Elle m'aspire tout entier. De la voir à genoux, ça m'excite. Je regarde l'ombre de ses cils sur ses joues gonflées. Ça me brûle, et là je lâche un éclat froid.

C'est tout bête.

Des projectiles ont traversé ma tête.

Merde, j'ai crié trop fort.

Mon soulagement est lent.

Elle me demande si je suis content en avalant ma glu restée collée à ses lèvres. Je trouve ça dégueulasse et me détourne d'elle égoïstement.

– Tu as joui trop vite. Viens par ici, Doudou chéri, tu vas connaître la cuisine antillaise, j'ai envie de faire l'amour avec du piment.

Elle me pousse violemment dans la mansarde, sur des matelas à même le sol. Ça sent le renfermé.

– Attends. Je vais ouvrir la lucarne.

– Vas-y, ouvre, Doudou chéri. Comme ça, je pourrai entendre si quelqu'un vient. On fera ça sans lumière, j'ai pas payé l'électricité. Vanille va te dépuceler…

Elle me déshabille entièrement, je suis gêné tout nu.

– Tu es folle, je suis crevé. On ne peut pas dormir un peu ?

– Non, je suis certaine que tu ne l'as jamais fait.

– Si, je l'ai déjà fait.

– Tu mens. C'était avec qui ? Un copain, peut-être ? C'est pas pareil. Je ne veux pas savoir ton nom ni ce que tu fais.

– Si, c'était quelqu'un, j'ai pas de copain.

– Caresse-moi. Mets du piment, Doudou menteur.

Elle me touche, son parfum change. Je suis enrobé par une brume moite comme si on roulait dans l'herbe haute, et l'envie me reprend. Sa peau est douce. Elle a l'odeur d'une rose poivrée. Je la pénètre. J'ai deviné ce qu'elle attend. Ses longues cuisses agiles sont comme du cuivre et me retiennent. Elle mordille sa bouche. Je suis dessus, sans vertige. Non, je ne jouirai pas tout de suite. Je veux encore qu'elle me dise des mots inédits, qu'elle me répète qu'elle va mourir, plus un souffle d'air ne passe entre nos ventres plats. Cette fois il faut que ça dure, on dirait qu'elle n'est plus là quand elle crie, mouillée.

Enfin je lui avoue, oui, c'est la première fois. C'est bon, ma force contre la sienne. Elle en redemande, à califourchon, dessous, je suis l'homme en nage, tout en elle, celui qui lui donne du plaisir. Puis elle s'étire, se fond, se noie, j'ai volé son secret, on se désaveugle doucement, notre haleine sent la camomille. Un corbeau croasse dans la cour et je pense au Berry. Comme on doit s'ennuyer là-bas. Je ne voudrais pas que le jour se lève, mais elle me dit qu'il faut partir. Que ses frères vont venir. Devant le lavabo, elle me demande un peu d'argent. Je ne vois plus que son œil blessé, son charme est flétri.

– Je t'offre un café au lait?

– Non, je vais rester ici. Mais on peut se revoir…

– Vanille, j'aime bien ton nom. Oui, demain si tu veux…

Je la comprends. Je la devine. Ma main traverse ses boucles frisées.

Je lui donne cinq francs.

Ça sent la suie. Je fais les cent pas dans une ruelle sans nom. C'est rapide, un flic, je ne l'ai pas vu venir. Il m'attrape par l'épaule tout en gardant la main droite sur son arme, ils s'y mettent à trois pour me faire monter dans le fourgon.

Résiste pas. Dis rien. Je m'y attendais, pas si tôt, mais je m'y attendais.

Les portes du car se referment.

Une femme saoule crie sa haine en frappant la vitre grillagée.

– M'emmerdez pas, j'étais tranquille dans mon quartier.

– Tais-toi, saoularde. Tu pourras cuver au chaud. Le Dépôt, c'est pas fait pour les chiennes.

Un poulet rouquin me fixe, je trouve qu'il a une bonne tête. Pour se faire mousser, il fait tournoyer une grosse gourmette où est gravé «Patrick».

– T'inquiète pas, petite mouche, ça va s'arranger.

Petite mouche, il m'appelle petite mouche! Va plutôt faire mousser ta connerie. J'ose leur dire :

«Mais qu'est-ce qu'on roule doucement, on va à un enterrement ou quoi ? Et puis, avec la vieille qui ronfle, je n'entends plus les bruits de Paris…»

Les flics éclatent de rire. Tout le long du trajet, ils se répètent mes phrases. Le rouquin termine en s'étouffant : «Allez, descends la mouche, tu es arrivé au purgatoire.» BRIGADE DES MINEURS, saloperie. Un vieux bouffi sans grade me demande de mettre les mains sur ma tête. Il me fouille, le regard fuyant, bien trop con pour trouver mes billets planqués dans la petite poche de mon jean. Immédiatement, je remets le pouce sur le magot en lui demandant l'autorisation d'aller aux toilettes.

Il me suit et m'ordonne de laisser la porte ouverte. Je chie devant lui en fixant sa couperose. Quel jour sommes-nous ? Nous sommes partis quand ? Je vais tomber de sommeil sur la cuvette.

– T'as pas le droit de t'endormir avant l'interrogatoire. Redresse-toi.

Il me surveille, le vieux flic aux abois qui salue réglementairement au passage de ses supérieurs. Sans cesse, d'un geste, il me réveille. La frappe des machines à écrire me crispe. Je vois trouble. J'ai la bouche pâteuse. Sur les murs craquelés, les tableaux penchent.

«Engagez-vous dans l'armée de terre, ou engagez- dans la marine, mais engagez-vous!»

Le légionnaire n'a rien d'engageant avec sa gueule sépia. Enfin c'est mon tour, je crains le pire. Qui s'intéresse à moi ? De toute façon, je ne veux rien, juste dormir.

— Nom, prénom…, me demande la femme flic en tailleur et talons aiguilles.

Je l'embrouille, en épelant mal mon nom, j'inverse mes prénoms. Je m'appelle Jean-Pierre Villard.

— Vilar, comme l'acteur Jean Vilar ?

— C'est ça. Comme l'acteur.

Je finis par m'y perdre moi-même.

— Qu'est-ce que tu fais à six heures du matin, dans les rues, sans papiers ? De toute évidence, tu n'as pas l'âge d'en avoir, à moins que tu m'expliques.

Les questions sont interminables.

— D'où sortais-tu ? Qui as-tu vu ? Où habites-tu ? Tu n'as l'air ni d'un voyou ni d'un blouson noir.

La femme flic remet en place ses galons, qui se décrochent sans arrêt de ses fortes épaules.

— Qui t'as rencontré, raconte…

Elle m'oppresse. J'ai mauvaise haleine et je ne lui dis rien. Je ne dirai jamais rien dans un endroit pareil. La fliquette laisse tomber son stylo à mes pieds. Je le ramasse.

— Je vois que tu es bien élevé, glisse-t-elle gentiment.

Elle l'a fait exprès, pour me tester, cette vache.

– Joue pas aux cow-boys et aux Indiens avec moi, sinon je t'envoie chez les fous.

L'autre, la petite sournoise, tape sur sa machine même si je ne dis rien. Rien et elle tape, pendant tout l'interrogatoire. La voilà qui ferme les tiroirs, les placards, et me tend une timbale d'eau du robinet.

– Il faudra bien te dérider un jour, sale petite racaille, lance la chef. Nous, on n'est pas pressés, on va déjeuner.

Ces salopes de fliquettes m'enferment au verrou. Elles baratinent, jamais je n'irai chez les fous. Je ne suis pas dingue.

Alors que je dormais profondément, le grand brun aux bras ballants, ce salaud, entre et me tape sur la tête.

– Dis donc, René, Felletin, ça te dit quelque chose? On est venu faire du tourisme à Paris? Qui t'a emmené?

– J'ai fait du stop.

– Raconte ça à d'autres!

Quand il retire ses lunettes, il a deux yeux vides au fond des orbites; à ses manières, on voit qu'il se croit important.

– Du stop, voyez-vous ça. Sans papiers d'identité? Pose tes doigts dans la boîte, c'est de l'encre, je dois prendre tes empreintes. Et hop. Et hop. Ça y est, t'es fiché. Maintenant je t'emmène chez le juge, tu vas pas rigoler, Villard avec un *d*.

Ce ne sont ni le froid ni la pluie qui me gênent en montant les marches du Palais de Justice, mais plutôt de sentir la transpiration. Les menottes, c'est pas qu'elles font mal, c'est qu'elles foutent la honte.

Madame le juge est myope et agite ses papiers en geignant. Une belle femme rêche qui cocotte la naphtaline. J'observe le plafond, les horribles moulures qui datent… Et c'est parti pour les phrases pédantes sans un regard.

– Comment en êtes-vous arrivé là, 764 ? Votre nom, c'est bien avec deux *l* et un *d* ?

– Voui.

Devant son accent pointu, je ricane de fatigue.

– Felletin est une excellente école du bâtiment. C'est toute la reconnaissance que vous avez pour la République ?

– Mais, madame la juge, j'ai le vertige sur les échafaudages. Et je m'ennuyais.

– Taisez-vous, et dites « madame *le* juge ». Je vous enregistre pour fugue et vous considère comme un délinquant.

– Madame la juge, je crois que j'aimerais m'engager dans la marine… Je voyagerais.

— Je vous somme de vous taire, René Villard !
Pensez-vous qu'on n'a pas le vertige, dans la marine ?..

Sa réponse me met K.-O. Ça y est, je suis fait.

— Mais, madame, est-ce que je pourrais dormir…

— Taisez-vous, sinon je vous envoie en maison de correction. Nous allons nous revoir… Laissez-moi le temps d'étudier votre dossier.

Le juge se lève, masse ses reins brisés et tâte son nez.

— Ne vous avisez plus de fuguer, sinon je vous colle en prison.

— Mais, madame, je vais où ? Je suis crevé.

— Taisez-vous, les martyrs me fatiguent.

Elle tamponne et retamponne la paperasse, signe d'une main nerveuse et sonne du bout du pied sous son bureau.

L'autre faux jeton se radine.

— Monsieur de permanence, retirez les menottes au 764. Voici son transfert. Vous n'aurez pas besoin d'utiliser un fourgon blindé pour le mener 74, avenue Denfert-Rochereau.

Le faux jeton s'incline. Je ne peux m'empêcher d'exploser de joie, de me trahir en criant :

— Victoire, j'ai réussi, je vais rester à Paris ! Merci les flics de Paris !

Je vais revoir Denfert.

Mon orphelinat.

Je n'ai plus toute ma tête. On va la raser, je crie. Ils s'y mettent à deux, deux blouses blanches, pour couper ma mèche. Mes cheveux, c'est ce que j'avais de mieux et ils cachaient mes grandes oreilles. La tondeuse couine en raclant mon crâne, ça manque de graisse, les mèches glissent sur mes lèvres, j'essaye de les bouffer. Mes beaux cheveux noirs, j'ai envie de les garder dans une boîte. Ces salauds balayent tout, boule à zéro, maintenant ils ricanent : j'ai une tête de rat. C'est pire que des flics, ces mecs-là.

On appelle ça des éducateurs.

Denfert est devenu une prison. Ils ont posé des barreaux aux fenêtres. Plus un visage connu, personne n'a tenu le coup dans cette baraque blindée. Où est le temps où cheftaine Josiane, sous le préau, m'offrait une voiture de pompiers ? Sans prononcer mon nom, les éducateurs m'ont dépouillé de mes vêtements personnels. Mon fric : confisqué.

En bleu de travail, je ne suis rien. Combien de temps je vais rester là, sans lacet à mes galoches ? Les surveillants craignent que les nouveaux arrivants ne s'étranglent avec.

Voile Bleu, l'infirmière, m'a désinfecté le corps à la teinture d'iode jusqu'aux parties intimes. Elle m'a même glissé un doigt dans le cul en disant :

– Toi, tu ne bouges pas… Tu n'as pas de quoi être fier de ton poids. Après deux ou trois mois dans la boîte, t'auras des muscles.

Seul Roger me fait rire, quand le regard des autres pensionnaires m'insulte. Roger, il y a vingt ans qu'il est là, il n'a jamais dépassé Courbevoie. Il se souvient de moi jouant dans la cour.

– Des yeux de porcif, t'avais, c'est pour ça qu'ils t'ont placé à la cambrousse.

Avec lui, je me détends. J'approuve ses expressions de titi dans un rire qui nargue les autres.

– Moi, marcher en rang, ça me remue trop les rouflaquettes. T'as vu mes miches, c'est pas du gras !

Faut pas la lui faire, à Roger. À Denfert, c'est l'Ancien, la Vedette.

– Dans ma famille, on se nourrit au picrate. Si tu voyais ma mère, on dirait un éléphant.

Blanche, je lui parle de Blanche, ma soi-disant mère, et puis je n'y pense plus. Roger n'a pas besoin de permission de sortie, il se fait la belle et revient quand il a faim. Il sert à table, fait le ménage. Si on fayotte, si on lui raconte des craques, sa voix nasillarde se déchaîne :

– Tais-toi, têtard, t'as rien dans le calcif.

Il nous rend frères. Je l'envie. Mais, certains jours, je voudrais pouvoir foutre en l'air la statue de Saint-Vincent-de-Paul.

– Ne t'inquiète pas pour tes cheveux, ça repousse vite, me console l'aumônier antillais qui m'observe souvent, pendu par les bras aux grilles.

Je lui réponds mal.

– Ici c'est chacun pour sa gueule !

Moi aussi, j'aimerais avoir quelque chose à coller au-dessus de mon lit, pas un cycliste ou un bolide, je voudrais plutôt la photo d'une femme qui brille. J'ai écrit à Dalida, en pesant mes mots. J'aime sa voix, je lui ai dit qu'elle était belle et qu'elle chantait si bien l'amour. Avec une écriture soignée, je lui ai même dit que je l'avais déjà fait, une fois. Avec qui recommencer ? Je suis seul au monde, c'est mortel, l'orphelinat. Je me suis vieilli de deux ans. J'ai menti, sans la tutoyer.

Très belle Dalida, j'attends de vous une photo dédicacée à mon nom : René Villard. Comme dans votre chanson, je vous envoie vingt-quatre mille baisers...

Heureusement qu'on peut mentir. D'ailleurs, ce n'est pas vraiment du mensonge : sans avoir jamais vu son visage, quand je pense à elle, je la vois belle.

Doucement, j'ai présenté ma requête à l'aumônier antillais :

– Ne lisez pas ma lettre, mon père. C'est personnel, je vous la confie pour que vous la postiez.

– Promis. J'y joindrai même une enveloppe timbrée pour la réponse.

Je le fixe.

– Crois au miracle, prie, et ça viendra. L'espoir fait vivre.

J'y crois, j'ai du pif.

Jamais je ne mets les pieds à l'atelier où l'on fabrique des animaux en pâte à modeler. Gueule de Camphre, l'éducateur, ne se lave plus les dents. Il pue de la bouche. Je ne me sens pas bien avec les autres. J'ai peur d'être différent. Je crains les coups de poing dans le dos, mais je ne cafte pas. Je ne tiens pas à ce qu'ils se mettent à dix pour me passer la bite au cirage. Lentement, je m'enfonce. Les vaccins, les cachets avalés tous les jours, me laissent sans vie sous un ciel brouillé.

– Aurais-tu peur de moi ? me demande Voile Bleu avant le petit déjeuner.

– Peur de quoi? Bientôt, j'irai mourir avec les vieux d'à côté, vous en aurez fini de m'abrutir.

Quand la fatigue se mêle à l'émotion, les larmes viennent toutes seules. Je ne veux pas les cacher. Je veux souffrir. Pleurer, ça me remplit. J'aime ça. Je jette mes poings contre les murs : pourquoi orphelin? C'est tout ce que je suis? Je ne veux plus être uniquement ce mot-là. Il faudrait que je m'ouvre les veines pour qu'on s'intéresse à moi. D'autres le font, à travers un carreau. Ils partent et on ne les revoit plus, ils manquent à l'appel… À l'occasion, je le ferai si la chanteuse ne me répond pas. Maintenant que j'ai lancé une bouteille à la mer, je vais attendre aussi longtemps qu'un bagnard au fond de la forêt de Tronçais.

Pour faire connaissance, certains s'amusent à pisser sur le dernier arrivé.

«Frappe-moi d'abord, si tu ne veux pas que je te frappe le premier.»

«J'ai envie de me battre avec toi, ça me défoulera.»

Demain, David s'en va. Il m'a dit :

– Je t'aime déjà, comment je vais faire sans toi?

David, on l'appelle Gueule Cassée parce qu'il s'est fait péter le nez.

– Bats-toi, mon chéri, sauve ton honneur.

David et Romain se sont pris au jeu de la castagne. On manque de tout, alors on se cogne dessus au milieu de la cour. «Sale raton», «Rital», «Écrase ta gueule de juif». Chacun est fier de porter ses coups. On conclut par un bras de fer, en se disant amen.

Je préfère la bibliothèque, où personne ne vient jamais. Jaune d'Œuf, l'éducatrice, arpente les couloirs après m'avoir enfermé à clef. Je passe mon temps à redresser les étagères de bois verni. À réparer les livres avec du Scotch et à les classer par ordre alphabétique. Roger, lui, s'est barré hier soir, sans rien dire. J'ai lu la moitié de l'histoire d'une baleine, toutes les pages du début avaient été arrachées, mais c'était bien, *Moby Dick*. Moi aussi, je voudrais tuer des monstres blancs, toutes ces statues qui brillent la nuit et se couvrent de fiente le jour. Aucun homme, aucune femme ne mérite sa statue. C'est du flan. Faudrait toutes les foutre en l'air pour ne se souvenir de personne...

Laisse glisser. Laisse. Glisse. J'imagine un prophète barbu, les cheveux longs, au coin de l'avenue Denfert-Rochereau, qui épouvanterait les passants en hurlant comme d'Artagnan avec un coquillage contre l'oreille.

C'est bientôt Noël. On attend une huile, la mère de Gaulle va venir nous visiter, il paraît. La crèche et les mourants, aussi. Gna gna gna. Qu'est-ce que j'en ai à battre, de la première dame de France, on ne pourra même pas l'approcher. Le Général aurait pu se déplacer en personne au lieu de nous coller tante Yvonne. Je l'ai quand même écrit à Nénesse, qui l'admirait tant. Mais Nénesse… il est vieux ou il est mort. Je ne suis même plus sûr de l'adresse.

J'ai beau tremper mon thermomètre dans l'eau chaude pour faire croire que j'ai de la fièvre, on me renvoie chanter…

> *Mon beau sapin*
> *Roi des forêts*
> *Que j'aime ta verduuuure.*

Quelle verdure ? Il y a même plus un marronnier dans la cour, seulement des pavés usés par un siècle d'abandonnés.

Il faut lessiver pour le grand jour de la visite. La taule doit briller du sol au plafond. Et qui se coltine le travail ? Nous, les glandus. Ils vont jusqu'à nous faire fabriquer la tronche du grand Charles en pâte à papier. C'est de l'art populaire, paraît-il.

Coudes serrés, mains sur l'assiette, on gloutonne le repas du soir sous les yeux de trois pions qui, eux,

215

se gardent bien de bouffer la même nourriture que nous. Assis à côté de moi, petit Richard a de la peine, il est arrivé depuis cinq jours et n'arrête pas de renifler ses larmes. Pour l'amuser, je mélange de l'anglais bidon à un peu de verlan, mais rien n'éclaire son visage fermé. Bernard me crie :

– Bouffe pas tant de pois cassés, c'est plein de bromure. Ça t'empêche de bander, avale plutôt la saucisse !

Petit Richard craque, tombe en sanglots.

– Je viens d'Oran, mes parents sont morts, ça va mal là-bas en ce moment, j'ai tout vu de la fusillade.

– Chiale pas, répond Bernard. Les miens aussi sont kaput, il y a trois ans, dans une bagnole décapotable. Ma famille ne veut plus rien savoir de moi à cause de l'héritage.

Il ment, avec sa décapotable et son héritage…

– La vérité, c'est que c'est dégueulasse de nous laisser tondus ici, on n'a rien fait.

– Tant pis pour toi, crache David.

Les roulettes du chariot à bouffe grincent, Gueule de Camphre surgit juste à temps pour s'interposer et nous distribuer les paroles de *La Marseillaise*.

C'est le pompon.

– Pour la Générale, il faudra vous lever et chanter après le dessert.

Mais soudain un hourra collectif traverse le réfectoire.

– Chouette, Ricky est revenu, on va se marrer!

Ricky fait son entrée bras en l'air, comme un champion de boxe. Bernard m'apprend que c'est un vrai blouson noir. Un vrai, lui, qu'il répète.

David le prend mal.

– Va te chier.

Il frime, Ricky, en relevant le col de son blouson clouté. Il joue de son jeu de jambes. Salue, les doigts en V, en héros, comme s'il connaissait l'assistance entière.

– Hé les gars, je suis juste passé dire bonjour, demain je me taille.

– Arrête ton char, Ricky, il est en panne, et va t'asseoir, lui ordonne le gardien de nuit.

La préfète est venue donner la liste de ceux qui s'en vont ce soir. Le héros s'installe avec nous en caressant sa banane de cheveux laqués. Il pue des pieds, Ricky, ses godasses sont trouées.

– Content de te revoir. Mets pas tes mains sur mon épaule, Bernard, ça fait pédé.

La matrone de préfette trépigne déjà, son gros doigt sur la carte. Ils sont neuf à partir ce soir. Ça va faire du vide dans un dortoir de trente.

On entend : «Incarcéré à Savigny-sur-Orge.»

Le juge a tranché.

217

– Sale taule, Savigny… C'est pour qui ? demande Ricky.

C'est pour David qui avale sa gélatine à la pistache.

– J'y suis déjà allé, c'est rien.

Les paroles de *La Marseillaise* commencent, ronflantes.

Je supplie David de m'expliquer,

– C'est vrai que c'est pas grave ?

– Ta gueule, Villard. Debout, maintenant on chante, réclame le stagiaire. Tout le monde doit chanter, même ceux qui partent, ça vous l'apprendra, *La Marseillaise…*

> *Allons enfants de la patrie*
> *Le jour de gloire est arrivé.*

– Levez-vous, je vous dis !

On déchante au réfectoire, la gorge serrée. On se réconforte mutuellement.

« La quille, David, c'est mieux pour toi, la quille… »

Voilà deux mois que je vis les départs sans douleur, sans m'attacher à rien, ça pourrit le cerveau. J'attends mon rendez-vous avec le juge et j'attends une photo dédicacée. Mon tour viendra, un soir, je serai du lot, j'irai où ils veulent m'envoyer pourrir au milieu d'inconnus.

Ça ne m'empêche pas de chanter à pleins poumons : «Contre nous de la tyrannie…» Petit Richard lit sur mes lèvres. Lui, ne connaît pas l'hymne national. Bernard gueule qu'il ne sait pas lire.

– C'est mou, mou, mou ! hurle le roquet.

– Il nous a dit que c'était mou… Alors regardez-moi, les gars, je vais danser le twist !

Ricky se déhanche sur la table…

– C'est la nouvelle danse, regardez-moi, c'est super-craquant, je danse comme Rocky Volcano ! Je l'ai vu hier soir au Golf-Drouot.

Il perd son froc, on lui a confisqué sa ceinture. Pourtant il n'a vraiment pas l'air de vouloir se pendre.

«Marchons, marchons, qu'un sang impur…»

Ricky s'essouffle et le roquet a pris le reste de gélatine plein les cheveux. La vaisselle rebondit sur les tables. Les surveillants croient à une mutinerie.

– Mais allez donc, sonnez, sonnez ! lui ordonne le gardien de nuit. Sonnez !

– Mais monsieur, je ne sais pas où est la sonnerie !

Gueule de Camphre s'essouffle à nous compter et recompter dans le tumulte. Certains ont réussi à planter les fourchettes limées dans les tables. Ricky continue à foutre le bordel avec son twist. Moi, je voudrais que ça craque, que tout explose. Petit Richard scande des mots en arabe, il tape, il hurle sa vengeance. David a disparu, pâle, je l'ai vu se sauver sous les tables dans un vacarme réconfortant. On peut toujours l'attendre à Savigny.

Ce matin, très tôt, on me sort. Je vais chez la juge. L'odeur du café me brûle les narines. Quel panard, d'aller prendre l'air! La sirène de l'ambulance réveille tout Paris, rien que pour moi.

Madame le juge est aimable. Elle a changé de coiffure, de lunettes. Elle est pourrie de chic aujourd'hui...

– Vous avez un comportement singulier. Je vous ai déniché une place en semi-liberté à Arpajon. Ne me remerciez pas.

– Oui, madame, où ça, quand, c'est pour quoi?...

– Vous verrez bien, n'espérez pas la lune.

Elle donne son coup de tampon et me réexpédie d'où je viens.

L'espoir renaît en moi. On ne m'a pas coupé les cheveux. Voile Bleu ne me touche plus, on a stoppé les piqûres. Période faste.

– T'as du courrier.

Quel panard! C'est mon expression favorite en ce moment. Je gueule après Jaune d'Œuf :

– Mais quoi, l'enveloppe est décachetée!

Pour la première fois de ma vie, je reçois une lettre. Ou alors c'était il y a trop longtemps. Non, c'est la première fois que je reçois une lettre. Une photo noir et blanc. Dalida décolletée dans un corsage à fleurs. Ses lèvres bien dessinées me sourient.

«À René Villard que j'embrasse tendrement. Joyeux Noël et bonne année 1961.»

Cette photo est à moi. J'en ai des bouffées de chaleur. Rien n'est beau comme une chanson, une chanson c'est mieux qu'un livre. Un jour, j'aurai plein de disques et plein de rêves à exaucer. Charles Trenet me ramène à La Preugne et au Rondet avec son *Jardin extraordinaire*, je n'ai que à fermer les yeux près de la radio.

Les éducateurs ne m'assènent plus de paroles amères.

Je me tiens à carreau. Je profite de la vie.

De tous côtés on n'entend plus que ça,
Twist and twist. Vous y viendrez tous.
Twist and twist.

C'est vachement bien de faire de la pâte à modeler en écoutant Dalida. À l'atelier, j'ai modelé son buste et obtenu le prix de l'originalité. Personne ne vient m'emmerder. Y a que Ricky qui me gonfle. Il me cherche avec ses «be bop a lula» et me traite d'employé de bureau. Maintenant il faut le nommer Rocky avec un *o*. *O*, ça fait plus rock'n'roll, plus américain. Y a plus que les bleus pour croire tout ce qu'il raconte. Un vrai mytho avec un *o*. Un soir, il te dit qu'il est fils d'ambassadeur, le lendemain c'est le cousin d'Elvis Presley.

Je lui demande :

– Et ta sœur, c'est qui ?

– Fais gaffe, j'ai ma bande aux Batignolles. C'est moi, le chef des blousons noirs.

Deux heures avant, il était le caïd du square de la Trinité.

– J'ai un compte à régler dans mon quartier, j'ai un flingue et un paquet de fric à récupérer. On se croisera dehors si tu veux.

– On verra.

Y s'en fait pas, Ricky avec un o. Des gonzesses travaillent pour lui. Il attend un message codé en se branlant jusqu'au sang sous la veilleuse violette. Enfin, depuis qu'on l'a tondu, il ressemble à une hyène. Je vais m'en faire du hachis avant de partir s'il continue de me cracher à la gueule que Dalida est démodée. Mais le regard télescopique des éducateurs balaie tout. Vaut mieux que je ne fasse pas de vagues si je veux foutre le camp d'ici.

La bouffe, la cloche des mourants, les colis confisqués par une éducatrice en chef – moi, ça risque pas – qui maudit les parents en visite… J'en ai marre. On a chanté Noël et *La Marseillaise* devant des huiles ministérielles. Je n'ai même pas vu la tronche de tante

Yvonne quand l'archevêque nous a donné la bénédiction. Ici, tu dois toujours dire merci, même quand on te refuse ce que tu réclames.

Petit Richard, mon protégé, a fini par partir dans la Nièvre. Mais Roger est revenu. Lui, on ne lui coupe pas ses cheveux blondis à l'oxygéné. Roger n'a vraiment peur de rien, il me dit qu'il va changer de sexe à vingt et un ans. Qu'il va devenir une femme pour travailler chez Elle et Lui, un cabaret de Montparnasse. Il m'appelle «mon biquet», «mon chou farci».

– Et toi, appelle-moi ma sœur si tu veux! Les mecs d'ici, c'est pas des hommes, Denfert en fait des mauviettes. Moi, j'aime les durs, les vrais mâles, ceux qui en ont entre les gambettes. J'ai encore un an à courir la nuit, il me faut du fric pour mon opération. Tu sais, c'est pas vrai ce que je t'ai dit. J'ai jamais eu de famille. J'ai juste un oncle clochard qui traîne dans le quartier… Mon chou, qu'est-ce tu veux, c'était la guerre, rien que la guerre, mon biquet. J'étais petit. Allez, frotte et cire avec moi ce parquet pourri.

Roger se plaît en ma compagnie et me trouve doux comme une patte de chat, mais cette nuit il va encore filer coudre des robes pour ses amis travestis.

Je ne l'ai pas prévenu, il est trop sensible, mais moi aussi je m'en vais ce soir. Je quitte ce boucan pour autre part… Arpajon, a dit la juge.

Arpajon. École d'horticulture.

J'ai récupéré mon fric et mon jean moulant. Le ciel est haut et clair, le train roule, je ne sais pas où je vais, mais je me sens bien.

Mon oreille siffle, quelqu'un parle de moi.

Des bâtiments flambant neufs au milieu des champs, et dans la cour encore une statue : monsieur Le Nôtre, Jardinier du Roy. Des routes toutes droites, désertes. Des bosquets maigrelets. Et un placard nominal, mais je n'ai rien à mettre dedans. Il faut affronter de nouvelles têtes. Roger serait en joie, ça regorge de beaux mâles ici. Ils parlent tous football, baise et oseille. Franchement, je me vois mal en cultivateur repeuplant le Cantal. L'horticulture, ça me navre. Compter les oignons, merci.

La terre est basse et grasse en fin d'hiver. Je hais la précision avec laquelle on m'oblige à tirer des lignes pour planter du buis. Travailler la terre me renvoie au bonheur que je n'ai pas eu. Je ne peux plus sentir la campagne. «L'apprentissage est une forme de sagesse», me répète le contremaître. Je ne cherche même pas à savoir comment il s'appelle. Pour faire de l'engrais, il faut élever des asticots ; ce n'est pas un moyen honorable de gagner sa vie.

À Le Nôtre, les réjouissances sont rares. À part le film de guerre du dimanche, quelques promenades dans les vergers sulfatés… Ça me crispe. Je m'asphyxie dans ce trou. En m'enfonçant deux doigts dans la gorge, j'arrive à me faire dégueuler, mais rien n'y fait : personne ne veut me renvoyer. La première permission ne tombera qu'au 1er mai.

Je veux du fric, beaucoup, tout de suite, pour vivre dans la clandestinité. Me barrer de ce dépotoir à plantes vertes dès que mes cheveux seront longs. Personne ne doit rien savoir de mon enfance. En attendant, je baratine tous ces caves qui cultivent du muguet :

— Ma mère n'est pas une femme ordinaire, qu'est-ce que tu crois. Elle a des nichons comme Martine Carol. Si tu voyais ses bijoux. Elle est blonde, elle a tout. Mes parents sont très chic, mais ils n'ont plus le temps de s'occuper de moi depuis qu'ils travaillent avec Dalida.

J'ai piqué les idées dans un *Ciné-Monde*. Et régulièrement je sors ma preuve dédicacée, planquée dans un livre de Dickens. Pourquoi changer mon baratin ? Ça marche. Quel panard. On me croit avec l'autre qui rêve d'aller s'enterrer dans le Poitou pour retourner des hectares grâce à du matériel moderne. Ça me désole.

— Ah bon, t'es orphelin, je lui fais. Comme c'est triste.

À la fin du mois d'avril, bon copain, le futur fermier me propose ceci :

— Viens avec moi, on va vendre du muguet à Paris. Ce sera chacun son cageot, Marthe Richard va se retourner dans sa tombe. Quand on aura tout fourgué, on ira au bordel! Demain matin, 5 heures, place Pigalle ?

— C'est ça, on y va.

Tout seul, j'ai vendu mon muguet dans le quartier de Pigalle. Toute la journée, j'ai gueulé : «Porte-bonheur! Porte-bonheur! Vive la fête du Travail!»

Deux francs.

Les caves de Le Nôtre ne me reverront pas.

Rien n'est mort en moi. Je dors entre les tombes, le gardien du cimetière de Montmartre m'a mis les boules en me pourchassant à coups de sifflet. Un chien me suit rue des Abbesses, j'avale des glaces à l'italienne pour me bourrer l'estomac en chantant *Bambino*.

J'ai toujours la photo de Dalida sur moi. Heureusement que je connais un caïd, Mickey. Je m'attache à lui. Ça pète pour l'Algérie en ce moment, dans Paris. Je crains les bombes et je me suis cassé la gueule dans l'escalier de la rue Antoine.

Un homme tend son chapeau melon aux touristes.

C'est vendredi, je dois faire les courses pour les filles chez le teinturier moyennant un peu de flouze. J'aurai aussi une caresse sur la joue en guise de remerciement. Faut avoir du flair et causer l'argot pour traverser le boulevard de Clichy avec toute cette garde-robe sur le dos sans se faire avoir. Sinon c'est foutu. «Va te faire peindre la gueule par Picasso», comme dirait Irina à ses clients quand on lui discute le prix d'une passe.

Irina, c'est Fleur de Pâques. Une des putains que je préfère avec Manouche, la timide. Elles me soutiennent quand j'ai la fringale. Et rien ne meurt en moi.

C'est midi, déjà. Ça trépigne devant l'hôtel Ardenne, des blondasses, des brunes, des rousses... Je me dépêche pour ne pas faire attendre les filles. Irina n'est pas prête et le curé d'Orléans l'attend sur le palier pour sa visite hebdomadaire.

— Ce ne sont pas mes jarretelles que tu m'apportes là. Et mon soutien-gorge?... Où t'as mis mon soutien-gorge orange, p'tit pauvre?

P'tit pauvre, c'est moi, on m'appelle comme ça maintenant. Le taulier vient se plaindre de ma présence au cas où il y aurait une descente de flics dans l'hôtel.

— Laisse p'tit pauvre tranquille. C'est notre coursier. On peut pas tout faire, mon bon Albert, avec ce turbin répètent les filles chaque vendredis au taulier.

Souvent leur rire se fige, leur bouche se pince avant d'aller offrir leurs charmes à l'improviste. Je me rince l'œil. Manouche part faire un client et Irina a filé son bas-couture. On frappe en sourdine à la porte.

– Entrez, mon cher curé, l'attente est la moitié du plaisir…

Je la charrie, Fleur de Pâques, avec sa perruque courte et vite enfilée.

– Ça va, décampe, p'tit pauvre. Va communier ailleurs. C'est moi qui vais célébrer la messe à l'abbé.

Je m'évince avec quelques francs. En bas, un rival attend pour me piquer le boulot. Je lui file un grand coup de latte dans le tibia et il disparaît.

Moi, je sais où aller le vendredi soir. J'ai rancard avec Mickey. Je fais le crampon pour lui devant l'académie de billard de la place Clichy et je le préviens en passant par la cour dès qu'arrivent le Marseillais, dit la Tringle, et Vif le Genevois. Tout le trafic se fait dans l'arrière-salle de l'académie, au fond d'un décor sombre. Il y a même des obus de la guerre de 14 transformés en vases. Je me contente de dire bonjour, au revoir et merci. Je sais tout, j'entends tout, mais je ne dis rien. Ces mecs-là savent te regonfler les narines avec l'Américain qui vient refourguer ses petits sachets de poudre.

– Tout ce que je te demande, p'tit pauvre, c'est de la fermer, me dit souvent Mickey.

C'est lui qui m'a baptisé comme ça.

C'est l'heure du secret.

Je n'ai pas d'illusion. Même si je dors dans sa cave, je sais bien que ce n'est pas pour toujours. C'est seulement quand il est au-dessus, dans son bar de la rue Frochot, avec ses filles, Irina, Marie…

J'entends la musique, j'imagine l'ambiance toute la nuit dans le souterrain. J'erre d'une cave à l'autre sous les ampoules blafardes en gardant la came cachée dans les manteaux de cheminées. Pour atteindre la trappe aux flingues, faut se mettre à plusieurs et bouger l'armoire bourrée de je ne sais quoi. J'attends là, emmitouflé dans mes couvertures. Je délire seul. Tiens, si j'allais demain sur la butte Montmartre?… Au premier chuchotement dans le sous-sol, mon cœur sursaute. Ouf, c'est Mickey et deux lascars en cravate qui viennent compter trois liasses de billets sur le tonneau.

– OK, c'est régule, dit Mickey après avoir recompté les billets.

Faut comprendre quand ils se mettent à parler à l'envers. Ou un pur argot. Mais je pige tout de suite quand un caïd me dit :

– T'as bien fait le crampon, voilà un biffeton pour toi.

J'essaie de suivre Mickey. Ça me change du jour où je l'ai connu, ah non, c'était la nuit, au café du Pingouin.

Il m'a secoué, je dormais sur une table, je lui ai lancé, comme ça, pour rire, que je n'aimais pas ses cheveux crantés au Pento, ni son complet pied-de-poule. Alors il m'a collé un grand coup de latte dans le cul. Maintenant ça va. Mais il faut se méfier de lui, même s'il m'emmène parfois chez son tailleur pour avoir mon avis.

– Ça va ? Tu aimes ma veste à carreaux, ça te plaît, c'est du cachemire pur.

Mickey sort ses liasses de billets.

– Mickey, tu crânes. T'es un crack.

J'ai choisi ses boutons de manchette. Et je cours lui acheter ses Gauloises pour garder la monnaie.

– J'ai des relations, tu sais, des blousons noirs aux Batignolles, mais ils n'ont pas de boulot pour moi. Faut que je tape à d'autres portes.

– Mes parents sont des poivrots.

Le caïd me répond que je le saoule à l'heure de l'apéro. Moi, je bois du Coca. Je le flatte pour ses mocassins noir et blanc, mais lui avoue que ce n'est pas exactement ceux qu'il me faut, que je les préférerais entièrement noirs avec le bout pointu.

– Ce serait vachement bath si je pouvais m'acheter un pantalon à pattes d'éléphant de chez Caddy.

À cinquante ans, Mickey picole, sourit de ses fausses dents, puis s'en va.

Le vendredi soir à Pigalle, c'est le rendez-vous des musiciens qui cherchent du taf dans les baloches du samedi. C'est bondé. Ça grouille de types qui font rouler en l'air leurs baguettes de tambour.

– Hé les mecs, emmenez-moi avec vous, je me ferai tout petit dans le camion. Je peux porter les guitares ou les valises...

Rien à faire, on me prend pour un branque. Ces mecs-là n'en ont rien à foutre de moi. J'ai vu le Marseillais leur fourguer ses petits sachets en plastique. Il se fait un maximum. Moi, les courses chez le teinturier me rapportent à peine de quoi m'offrir une boîte de fruits au sirop, que je dévore en pleine rue.

– Mais qu'est-ce qui fout, ce Mickey...

– Il s'est envolé en province pour un séjour obligatoire, m'a lancé froidement Irina, ce matin, à l'hôtel.

Je ne sais plus quoi faire.

– Casse-toi, tu sens le bouc, sors d'ici! me crie le patron du Pingouin où l'on m'a piqué ma brosse à dents, je l'avais pourtant cachée au-dessus de la chasse d'eau.

Dans ce café de merde, les musiciens au chômage peuvent dormir jour et nuit, je te jure, c'est du délire. L'un deux a éclaté sa canette de Coca, tellement il était camé. Et moi qui n'ai rien à boire.

J'ai plus une thune.

L'homme au chapeau melon me tanne dans la

rue, en me murmurant son adresse pour aller faire des photos nu chez lui.

– Viens me voir au 20, rue de La-Vieuville. T'as juste à te coucher sur un lit. T'auras rien à craindre de moi, c'est du sûr...

Moi, me foutre à poil ? J'aurai mieux.

J'irais bien décharger les cageots aux Halles. Mais c'est dangereux de traîner dans le coin en ce moment, à cause des contrôles et des attentats, et on m'a dit que ça ne rapportait rien.

Il est minuit à l'horloge de l'église. Il pleut. La nuit de juillet est chaude. Je me lave dans la fontaine du square de la Trinité. Ça sent le suif. La bande de blousons noirs descend les marches et forme un demi-cercle en se rapprochant de moi. Elle claque des doigts en murmurant une chanson très coton.

> *Une petite MG et trois compères*
> *Assis dans la bagnole sous un réverbère*
> *C'est la nou-ou-velle vague.*

Il en sort d'autres, des mecs, de derrière la haie de troènes, pour fermer un cercle autour de moi.

Le chef, ce gros plein de sueur, s'avance en tenant sa mâcheuse de chewing-gum par la main ; les autres commencent à faire tournoyer leurs chaînes à vélo.

Moi, je me lave.

— T'as vu ça, Eddy? Ce petit con qui se dégorge sur notre territoire?

— Oui, je vois ça.

— On va se le casser en deux, hein, Johnny.

Tout le monde a un prénom américain.

— Je cherche Rocky.

Le gros plein de sueur s'avance en jouant du cran d'arrêt. Sa pouffiasse m'éclate de rire au nez et me crache son chewing à la gueule.

— C'est moi Rocky, fait le gros, qu'est-ce que tu lui veux?

Merde, Rocky n'est pas le mytho que j'ai connu à Denfert. Et il faut y aller mollo avec le gros quand il me sort que je sens le malheur et que j'ai intérêt à dégager vite fait si je n'ai pas un sac à main plein de fric à lui refourguer.

Je voudrais lui dire que j'ai connu un autre Rocky, mais je perds mes mots. La chemise mouillée sur le dos, je me mets à courir et à sauter le portillon.

Qu'est-ce que je pourrais faire demain pour mon anniversaire? C'est le 24 juillet, j'aurai quinze ans.

Manouche et moi avons en commun d'arpenter le trottoir de la rue Frochot. J'évite les flaques d'eau pour conjurer le sort. Mais Paname, c'est pas le Berry. Le bar à Mickey est fermé. Manouche pleure. «CLOSED», annonce la pancarte.

– Tout le monde m'a laissé tomber. Voilà plus d'une semaine que Fleur de Pâques est partie tapiner sur les Champs-Élysées.

Son rimmel coule. Je lui fais la bise avant d'aller passer la nuit dans la cabine de la loterie nationale. Pour m'endormir, je chantonne :

> *Les yeux battus*
> *La mine triste*
> *Et les joues blêmes*
> *Je sais bien que tu l'adores*
> *Bambino Bambino.*

Après un cauchemar, je me pince, je suis vivant. Au matin, j'ai des crampes. Encore un mauvais passage.

Au réveil, ensommeillé, on n'a le temps de rien. La Mondaine n'a eu qu'à m'embarquer. Le fourgon. Le Dépôt, les souillures et la crasse des maudits. Et tout ça se termine dans le grand bureau de mon cher tuteur.

Maître Auffort vieillit de me revoir. Je trébuche à chaque beigne, chaque fois que je lui rétorque : «J'emmerde la République.»

Madame le juge ne m'a même pas adressé la parole. Moi non plus. Elle m'a collé tout droit en maison de correction à Annet-sur-Marne. C'est un château-poubelle.

Ici, il y a des orphelins et surtout des voleurs, des casseurs, des mythos comme moi qui balancent leurs histoires à dormir debout. Et des mouchards qui s'adaptent très bien à la hiérarchie des pions. En guise d'éducation, ils ne savent que répéter : «Bouffe ta merde et tais-toi.»

En semaine, c'est menuiserie pour les délinquants modèles. Le dimanche : sport et pâte à modeler. Tout ça en pleine cambrousse. Mais qu'est-ce qu'il fout ici, l'épileptique? Il bave son désarroi d'avoir volé de la ferraille dans l'espoir de faire vivre sa famille. Moi, j'avale ma vie à coups de nerf de bœuf et recrache mes rutabagas.

Un mois après mon arrivée, je m'arrache les cheveux et me branle au sang pour faire croire que je suis malade. Un pion, dit le Mulot, m'a traité de cureton parce que je crois en Dieu.

J'ai tenu tête sous ses coups et ses insultes : quatre jours de cachot. Aspirer l'air par un trou du mur et passer des heures à fixer la clôture électrique au-delà des barreaux, c'est fastoche. Comme les autres, je deviens un zombie sans prénom. Je suis un décalé qui ne regrette rien, je me sens même coupable de n'avoir rien volé à personne, dehors. J'espère m'évader, par là-bas, le contrefort où la colline rejoint la ligne des arbres. Je verrais bien dans mon dossier d'Annet-sur-Marne le mot «évasion». Mais le Mulot m'a à l'œil. Merci à un mouchard de m'avoir prévenu à temps.

– Fais gaffe au fasciste bossu, il est violent, s'il te rattrape, il va te massacrer pour prendre son panard.

Le pion est en deuil et se venge depuis que Louis-Ferdinand Céline est mort.

Sous la douche commune et froide, nous les moins que rien, on peut partir à la recherche d'un souvenir perdu. Les yeux piqués par le savon noir, j'observe la minuscule quéquette de Jacques. Il m'explique qu'un dérèglement de la thyroïde l'empêche de grandir. Sous les jets, il gueule pour se faire entendre. Tout à coup, le Mulot crache son venin, «Qui parle avec qui?», mais je n'avoue rien au pion et je reçois un blâme. Je vais encore passer une journée dégueulasse attaché sous l'escalier.

Faut que je baise avant l'extinction des feux. Demain, on nous mesurera encore de la tête aux pieds. Et un psychiatre viendra nous enseigner les formules de Goethe, je ne peux pas souffrir ce Goethe, ou ce Freud, je ne sais plus, un Boche.

– Fume ça, c'est du belge, pour arranger ta prothèse, c'est mieux que le corned-beef, m'assure un conquérant qui bande sous son short avant d'aller rejoindre Faudillon.

Ça se passe après le match de rugby, derrière la cabane du terrain de sport. Un complice ira surveiller pendant que moi aussi je m'enfilerai Faudillon, je lui laisserai un polichinelle dans les boyaux. Je ne suis pas le seul, mais il a ses têtes. Faudillon est ravi, je m'essuie avec de l'herbe, mais je ne l'embrasse pas.

J'ai peur de rien. Des fois, je voudrais mourir, mais pas ici, derrière des barbelés. Mourir sans que personne ne sache rien de moi, ce serait dommage. Je tiens le coup à force d'inventer des prouesses.

– Si tu m'avais vu quand j'ai piqué la DS avec mes copains. Tu connais Rocky, des Batignolles ? Ah non, tu connais pas, alors t'es une bille.

Être mytho, ça me fait vraiment du bien. « Crois-moi, force-toi, espèce de daube. Je peux pas te dire que la vérité. » Tout le temps, je veux convaincre. « Aussi vrai que j'ai chié dans ma gamelle, au gnouf, pour avoir chanté :

Une jolie fleur dans une peau de vache
Une jolie vache déguisée en fleur.

C'était la chanson de trop devant un flic qui amenait une crapule pour en remmener une autre.

Gérard Vaugien, c'est le nouveau venu au château. Quand tu vois sa tronche, tu te calmes. Dans quel état les flics l'ont mis, il me montre son dos tuméfié. Tout ça pour avoir sniffé de la colle. Sa gonzesse l'a balancé, par jalousie. S'il n'y avait pas la jalousie, on vivrait mieux.

– J'ai vu pire, me dit Gérard Vaugien, je traînais vers le Petit-Clamart quand de Gaulle a failli se faire trucider, j'ai bien failli y passer aussi.

Eichmann est condamné à mort, mais Marie Besnard, elle, est acquittée. Voilà les nouvelles fraîches que nous rapporte Vaugien, le mytho. À Annet, on a la passion des monstres, et les verdicts ne nous paraissent jamais justes.

> *Quand vient la fin de l'été*
> *Sur la plage*
> *Il faut alors se quitter*
> *Oublier cette plage*
> *Et nos baisers...*

On ne chante plus que ça en correction. Tout le monde se prend pour les Chats Sauvages. Quant à moi, je dégage d'ici dans une heure, c'est surpeuplé, il n'y a plus un lit dans cette taule.

Je vais crécher près de Paris, à l'ouest, et m'initier à la typographie. Pour mes adieux, je choisis une chanson de Colette Deréal :

On se reverra
Au bout de la nuit
On se reverra
Un jour un soir
La raison de l'espoir
Mais on se reverra.

Hier, le psy m'a juré que je n'étais socialement plus dangereux.

Il ne faut pas faire des masses de kilomètres pour se retrouver en bleu de travail à l'école d'Alembert, dans la typographie.

Je n'ai rien demandé à personne pourtant. J'ai à peine le temps de visiter les bâtiments vétustes que je me bats avec un con en pyjama. Il m'a dit que Dieu n'existe pas. Comme je fais mon lit, je me couche.

– T'es débile, t'es vraiment un débile. Vire de là.

Les insultes ne me quittent plus. Un goût d'encre me lève le cœur. Avec moi, la typo, ça ne marchera pas. La seule que j'apprécie, c'est de graver «Je t'aime» dans un cœur transpercé d'une flèche sur le tronc des cyprès.

Je déteste toucher le plomb, les vieux caractères textuels dans le journal du centre d'Alembert. Tous les élèves rêvent de devenir artisan imprimeur ou journaliste dans le canard de leur province. Pourquoi pas écrivain, tant qu'on y est ?

— Ne me sabote pas la page sinon tu n'obtiendras jamais la médaille du travail bien fait.

Mon chef de rang me harcèle, il n'est jamais satisfait et secoue ses mains tachées d'encre.

Plus le piffer, ce cave.

C'est comme Gutenberg, je n'en peux plus de croiser sa statue dans le parc.

Quand je m'assois contre un marronnier, les chenilles des premières feuilles mortes montent sur ma main.

Mes idées dérapent. Les gars continuent à se foutre de ma gueule parce que j'aime Dalida.

Ce n'est pas facile d'admirer quelqu'un sans pouvoir en parler à personne. Allez, je me barre d'ici par les taillis. Droit devant. Tant pis pour la typo. J'irai chez Théo poser pour son chapeau melon. Je me souviens d'une adresse rue de La-Vieuville, aux Abbesses.

Pigalle, c'est mon quartier.

Paris, c'est ma liberté.

Partir, c'est mon métier.

À peine entré dans la pièce sordide, j'ai les jetons. Il veut me faire boire du whisky avant d'appuyer sur son Kodak. Ce pervers gélatineux me tend trois billets. C'est tentant, je me déshabille entièrement. Je n'ai qu'une crainte, qu'il m'emprisonne ici à vie.

– Allez, donne ton corps et accroche-toi bien aux barreaux du lit, comme si t'avais vraiment mal…

Théo a l'œil dans l'appareil.

– Ne fais pas semblant. Cambre bien ton dos.

Le flash me crispe. Alors il me refile les trois billets et en sort trois autres. Après, je lui piquerai son portefeuille.

– Maintenant, on va faire l'autre face.

Je me cache le visage avec le drap.

– Ne t'inquiète pas, je te couperai la tête, on ne la verra pas. Je ne veux pas d'ennuis avec la Mondaine. Caresse-toi…

Je refuse.

– Détends-toi. Jamais on ne saura que tout ça est à toi.

Je m'y mets. Théo m'a filé dix billets. Il pourra vendre ma chair aux passants, sur pellicule, en levant poliment son chapeau devant eux.

Rue de La-Vieuville, je saute à pieds joints dans les flaques. Je me suis livré à poil. C'est pas si terrible. Je ne me serais pas fait autant d'artiche en allant vendre mon bleu de typographe aux puces de Saint-Ouen.

Aujourd'hui, je porte mon pantalon pattes d'ef et mes chaussures à bouts pointus. Jamais plus je me laisserai photographier la peau. Dans mes rêves, les curés et ma mère ricanent.

Je deviens froid. Être méchant rend fort, assez fort pour que je me réconcilie avec un mec plus paumé que moi. Sabrot, dit la Bulle, est en cavale. Il vient juste de sortir de Denfert quand je le croise rue Germain-Pilon. Aux dernières nouvelles, l'hystérie règne là-bas.

— La préfette se tape des mecs, moi-même je lui ai éjecté tout le foutre que j'avais entre les cuisses. La vieille a gémi, ma parole, je t'assure.

Sabrot et moi, on dort enlacés dans les Cinéacs permanents. Et on pique des sandwichs sur le zinc des gares. Il n'a rien d'un voyou, avec ses dix-huit ans et sa fiole à l'éther qu'il obtient en draguant les infirmières. Je l'appelle Youri Gagarine, parce qu'il se croit dans le cosmos dès qu'il respire sa bouteille à pleins poumons.

Un jour il me fait :

— Viens, on part à Lyon, je veux revoir mes vieux.

On voyage en train et en éther, sans billet. Mon cerveau explose, je pousse des cris.

— Dalida est berrichonne, tête à nichonne. Mais non, Dieu n'est pas mort.

Place Bellecour, au-dessus de la foule, je vois des sapins d'argent dans la lumière, des poissons dans les vitrines. Et un cimetière.

Les vieux Sabrot sont couchés sous une dalle fleurie de primevères en plastique. Des moisissures rongent la pierre. La postérité de ses vieux n'ira pas plus loin. Je lui demande la bouteille qu'il a planquée dans la doublure de son manteau en guenilles.

— Y en a plus, mais t'inquiète pas. Dans une heure j'en aurai... Je vais aller voir une pharmacienne que je connais

Sabrot chante « Be bop o lula » tout en pleurant devant la tombe. Je lui donne la réponse : « She is my baby », tout en claquant des doigts.

— Tu jazzes?

Oui, on jazze, oui, c'est chouette, allez, on jazze en claquant plus fort des doigts.

Je suis nerveux en marchant sur le cours. On va dormir où?

— Espèce de naze de Sabrot, y a pas de Cinéac.

— On dormira à l'hospice, t'inquiète. Attends-moi, me dit cette bulle, je reviens dans une heure.

— T'es dingue?

— Calmos, je vais baiser la pharmacienne et je reviens avec l'éther.

Jamais je n'ai connu des heures si longues à regarder un fleuve si long. Quand Sabrot revient, il est défoncé, la bouteille vide à la main. J'ai peur de lui. Jamais plus je ne partirai pour un coup fourré avec quelqu'un, vaut mieux faire ça tout seul.

Nous marchons au cœur de Lyon. Sabrot, nostalgique, parle à sa ville. Et dans une rue étroite, le panier à salade nous cueille. On s'en fout, en province, les taules sont meilleures qu'à Paris. Sabrot a les yeux morts. Les flics n'ont repéré ses pupilles dilatées qu'en nous déposant au Palais de Justice.

Dans la souricière, notre gardien est naze. Je le vois immédiatement. Il part aux chiottes en nous laissant sans menottes sur le carrelage en damier.

– Viens, Sabrot, faut faire vite. On se casse, réagis, merde !

Je me surprends moi-même, j'exige qu'il me suive les yeux fermés.

Devant la guérite du Palais de Justice, la mythomanie me revient d'un coup. Sans hésiter.

– T'as vu, Sabrot, il pleut. C'est drôle : chaque fois qu'on vient dire bonjour à monsieur le juge, il pleut.

J'ai peur d'un coup de sifflet, d'une galopade, il ne se passe rien, ça marche, on est dehors. Notre gardien n'aura pas le temps d'empoigner le papier à chiottes pour se torcher que, à toutes jambes, Sabrot et moi, nous serons déjà loin, grisés sur les hauteurs de Lyon.

Rien ne vaut Paname en solitaire. Je marche vite. Dès que je croise un regard agressif, je me barre pour ne pas devenir violent.

Ces jours-ci, je n'aime pas ma vie.

Je devrais peut-être dégotter une arme à feu.

Je suis sans famille, un clandestin terré dans la malédiction. Ma volonté quotidienne, c'est que personne ne sache pourquoi je suis devenu paumé, mendiant.

Je mendie.

J'aimerais beaucoup connaître mon arbre généalogique et sortir du tunnel. Existe-t-il quelqu'un de bien nourri, lavé, choyé par les miens ? Un autre moi-même de l'autre côté du mur ?

Rue de Douai, des canettes de bière éclatent à quelques pas de moi.

– Entrez, me lance une jeune épicière en tablier blanc.

Au fond de sa boutique, elle m'offre une tranche de jambon sans que je demande rien.

– J'allais fermer.

C'est une petite femme brune.

– Toutes les nuits, je crains un attentat.

Je lui demanderais bien si je peux passer la nuit ici.

– C'est propre chez vous. Excusez-moi, je fais cradoc. Vous vivez toute seule ?

Une petite fille, tout aussi brune, écarte un rideau et se met à chanter dans l'épicerie :

> *Reviens donc ici, petit Gonzales,*
> *C'est ta maman qui te dit ça…*

En avalant mon jambon, je twiste avec l'enfant, qui voudrait que la danse ne s'arrête pas.

– Ma fille est une vedette, me dit l'épicière. Je suis française, son père est à Alger en ce moment. Les gens sont bêtes, on pourrait vivre heureux pourtant.

Très loin, ses yeux semblent entrevoir un pays.

L'enfant s'accroche à moi et me mime chaque parole.

> *Si tu n'apprends pas bien tes leçons*
> *Ça fera du bruit à la maison*
> *Hé, petit Gonzales*
> *Reviens, je t'en supplie.*

– Il est temps d'aller dormir, me fait la mère en m'entraînant vers la porte.

Je ne saurai jamais son nom. Quand le rideau de fer tombe derrière moi, rue de Douai, je suis encore dans l'odeur du cumin.

Je ne retrouve plus mon chemin dans la rue d'Amsterdam. Il ne faut pas courir au hasard, c'est plus l'heure. Comme l'autre nuit, je peux aller dormir dans le Marais, m'enfouir sous mes cartons, si on ne me les a pas piqués.

C'est terrible, un képi qui te tire du sommeil en te secouant. On m'embarque au commissariat, où l'on ne m'offre même pas un café. J'ai quinze ans et demi et je prends du plaisir à entendre ma condamnation. C'est la fin de ma dignité.

J'ai bien senti arriver l'hiver glacial. Le temps passe vite quand tous les jours sont pareils. Il ne doit plus y avoir un lit de disponible à Denfert, j'atterris tout de suite devant monsieur Auffort sans passer par la case départ. Son bureau sent le cigare. Tandis qu'il gratte l'os de son poignet, je lui redis que je veux m'engager dans la marine.

– Pffff... Ça fait longtemps qu'on se connaît tous les deux. Vous souvenez-vous que je suis encore votre tuteur ?

Lui qui a toujours été si raide, il s'y prend avec douceur, cette fois, comme s'il voulait me convaincre.

— Voici votre certificat, vous êtes libre de circuler.

Villard René
254, rue de Vaugirard
Paris XVe
Pupille de la nation.

Le document est signé de sa main.
— Vous êtes intelligent, Villard…
— Merci monsieur.
— Vous allez me faire des études de comptabilité, et peut-être deviendrez-vous un bon comptable. Je vous garderai ici au foyer de Vaugirard, jusqu'à votre majorité, si nécessaire.
— Je ne peux pas vous cacher que je n'imagine pas passer ma vie derrière un bureau.
Auffort me renifle vite. Il devient inflexible et je dois le remercier sans rien ajouter.
— Vous irez à l'école de la rue Pétrelle, tant pis si vous finissez gratte-papier.
Je le retrouve bien là.
— À Vaugirard, vous pointerez à chacune de vos entrées et de vos sorties. Le repas du soir est à huit heures et vous ne sortirez jamais après.
Ordre. Discipline. Cantine. Routine.
— Ah, j'oubliais. Voici votre pécule pour un mois de transport en métro. Soyez économe et ne vous avisez plus de faire un détour par Pigalle, sinon c'est

Savigny à vie... Allez plutôt nager à la piscine Saint-Lambert, l'air du XVe arrondissement est plus pur que celui du XVIIIe.

Dans l'ancien hôpital devenu ma nouvelle demeure, il n'y aura plus d'ombre l'été prochain au milieu de la cour, deux bûcherons abattent le dernier platane. Le foyer de Vaugirard accueille de jeunes ouvriers sous tutelle qui roulent en scooter. Ils pointent et sortent à volonté, mais sans avoir le droit de laisser entrer un étranger. Personne ne se connaît là-dedans. Ces apprentis, on les appelle les Petites Mains ou les Demi-Portions. La plupart bouffent leur paye pour danser le madison le samedi soir au Golf-Drouot. Certains repartent le week-end en province voir leur famille nourricière. Et il y a aussi les ravagés de la tête, comme moi, qui n'ont que le pécule pour aller en métro.

Je fais chambre commune avec Fauchat qui étudie le droit à la faculté. Il arrive du Cantal. Ce binoclard a la gueule couverte de pustules. Chaque jour, il lit *Le Monde*, et *Minute* en fin de semaine. Je le crispe dès que j'emploie un mot d'argot. C'est un intellectuel, Fauchat. Je n'ai rien compris au film qu'il m'a entraîné voir en première exclusivité au Nouveau-Théâtre, le plus chic cinéma du XVe. J'ai seulement admiré les beaux yeux noirs et chauds d'Anna Karina. Et son déhanchement. C'est du Godard. Fauchat m'a reproché d'avoir fait du bruit avec le papier de mes esquimaux tout le long du film.

Pour lui, je suis un délinquant qui ne souffrira jamais de n'avoir pas fait d'études supérieures.

Je ne sais rien de sa vie, mais il a déjà tout compris de la mienne. C'est difficile, de partager une chambre étroite avec un type péremptoire, sans âge et complexé. Comment vit-il au-dessus de ses moyens ? Qui paye sa place à l'opéra ? Et son costard de flanelle, c'est certainement pas avec le pécule ? Quand j'étale sur mon lit toutes les pochettes de disques que j'ai piquées au Prisunic de la rue Cambronne, je l'inquiète. Ce ne sont que des pochettes de présentoir, je n'ai pas un seul 45-tours à faire tourner.

Sbéro, mon prof de comptabilité, m'a filé le virus des artistes. J'aime la gueule à Léo Ferré, et Dalida n'est plus tout à fait une inconnue pour moi. Fauchat s'en fout. Son front se plisse. Il se gargarise de politique en feuilletant son *Canard enchaîné* et me sort chaque soir la même rengaine.

– Maître Tixier-Vignancour se présente aux prochaines élections. J'espère qu'il sera président.

Cet ingrat me reproche de coller aux valeurs poisseuses de mon époque et d'aller me frotter, le dimanche à la piscine, à la racaille de la porte de Versailles.

Je crois en Dieu plus que jamais, je lis et je relis *Sous le soleil de Satan.*

> *Tous les garçons et les filles de mon âge*
> *Vont ensemble dans les rues deux par deux.*

C'est ma nouvelle chanson. Je prie pour changer de chambre. Ça ne passe plus avec Fauchat. J'ai l'impression d'avoir trente berges. Je viens de prendre un avertissement par Auffort, pour avoir pointé avec quatre heures de retard, samedi soir. Je suis rentré à minuit. C'est grave, très grave. Si je récidive, je n'aurai plus de chambre ni de métro à prendre. Ce sera Denfert jusqu'à vingt et un ans.

— Je vous jure sur ma vie, monsieur Auffort, sur Dieu, je n'ai pas traîné dans Pigalle. J'étais rue Guy-Patin, chez mon prof de comptabilité qui m'enseigne la guitare. Il va enregistrer un disque, mais Sbéro, son nom de famille, fait trop pied-noir. Alors il a pris un nom d'artiste, maintenant il s'appelle Bernard Laféro...

Auffort est dans un jour de bonté. Il hume un nuage de havane au-dessus de son bureau.

— Une dernière petite chose, monsieur le directeur, je désirerais changer de chambre. Je vous le jure, je vous le promets, je me tiendrai peinard pour la vie derrière un bureau.

Je n'ai pas menti.

Le prof a confirmé mon alibi.

Mon tuteur m'a changé de chambrée.

Il s'appelle Chris, Christian Lesage, il étudie aux Beaux-Arts pour devenir décorateur. Il a dix-neuf ans, c'est un orphelin d'Auteuil. Je crois que je l'aime. Je tremble quand mes bras se referment sur lui. Il m'a offert un réveil. Sur les murs tapissés de velours rouge, nous avons accroché un crucifix. Il dit que mon visage a la grâce de l'adolescence en suivant du doigt la ligne bleutée de mes cernes.

– Je suis bisexuel, c'est un avantage, me dit souvent Chris.

Moi, je n'ai jamais sauté du lit aussi joyeusement.

Il rit sans méchanceté de mon vocabulaire mal tourné et s'efforce de le remettre en place. Nous partageons tout dans la chambre de velours, les idées et les éclairs de chaleur. Il m'apprend l'amour. J'aime mieux ça que la camaraderie.

J'aurai bientôt seize ans. Mon corps s'épanouit grâce à la natation, je m'exhibe nu devant Chris. Maintenant je me rase et j'éprouve de la jalousie s'il se douche devant un garçon plus athlétique que moi.

Toutes ces heures avec Chris debout pour visiter le Louvre. Un faisceau de lumière sur les portraits d'Ingres m'éblouit. Le sourire fermé de la Joconde a quelque chose d'un gardien de prison. Chris me questionne : «Est-ce que tous ces chefs-d'œuvre te parlent au ventre?» Franchement, je lui avoue que je préfère les films noir et blanc que nous voyons à la Cinémathèque pendant qu'il me caresse la cuisse.

Mais tout me plaît en sa présence.

V'là le printemps. Tout devient vert tendre.

Je suis venu attendre Chris à la sortie des Beaux-Arts. Tout de suite, sa blondeur, son visage se distinguent parmi les têtes brunes. Je vois briller ses dents, ses yeux. Quand nous marchons ensemble, j'ai envie qu'il m'embrasse, là, devant tout le monde.

– Ça va, bout de chou, sois discret. Qu'est-ce que t'as fait aujourd'hui?

– Un peu d'algèbre, mais je déteste ça.

J'aimerais apprendre à jouer de la guitare... Fauchat m'a proposé un job moyennant un peu d'argent. Si ça vaut le coup, je pourrai prendre des cours de solfège. J'espère que monsieur Auffort ne me dira pas non.

– Pourquoi Auffort refuserait?

Chris s'émerveille devant l'architecture des immeubles du Quartier latin.

– Ça, c'est baroque... Haussmann, quel génie!

Je le devance en galopant et soudain je me retourne face à lui.

– Si je gagne un peu d'argent, je voudrais te faire un cadeau… Je ne sais pas quoi, moi! Peut-être une chemise blanche.

Dans le jardin du Luxembourg, sur un banc, Chris embrasse ma main.

– Tu me fais penser à Antoine Doinel avec ta petite gueule.

– C'est qui, Antoine Doinel?

– C'est le héros du film de François Truffaut, le héros des *400 Coups*.

Les statues le long du Sénat m'indiffèrent, c'est fini, elles n'ont plus aucune influence sur mon humeur. L'inscription «École Le Nôtre» sur la brouette du jardinier me rappelle que je reviens de loin, j'ai échappé à ça… Travailler la terre, quelle misère, quelle prouesse.

Chris, c'est mon pilier, mon sommeil tranquille.

Je suis un héros puisque je l'aime. J'ai volé une rose pour lui, j'aurais voulu lui offrir tout le jardin. Dans la rue, sa voix coule, nous allons rejoindre ses amis.

Au Boulmich, une fille en espadrilles ronchonne.

Moi, je me sens à l'aise dans un fauteuil en rotin, parmi les étudiants. Le plus fou, c'est Tibère, il veut

abolir la peine de mort et chante en pleine terrasse
«À bas l'armée, à bas la guillotine, ah ça ira, ça ira.
Merde à Vauban!»

La terrasse tout entière applaudit et Chris
enchaîne…

– L'armée m'est tombée dessus, je dois aller faire
mes trois jours pendant les vacances de Pâques.

Je suis furieux qu'il ne m'ait rien dit. Pour rentrer,
je passe d'un trottoir à l'autre. Arrivé au foyer, je lui
fais la gueule.

– Pourquoi tu ne m'as pas prévenu?! Trois jours
de vacances gâchées. C'est trop long, trois jours sans
toi.

– Mais, bout de chou, sourit Chris, je rentrerai
dès le matin. Profites-en pour voir ce que te propose
Fauchat. Rentre à l'heure et ne fais pas de connerie.

Pour Pâques, Paris s'est vidé aussi vite qu'ont filé les nuages. C'est mauvais de broyer du noir sur le bord de la Seine un Vendredi saint. Si Chris ne m'avait pas donné l'assurance qu'il reviendrait, je me foutrais à l'eau.

J'attends les instructions de Fauchat en conciliabule contre le parapet avec un vieux chauve dans un imper mastic. Il disparaît dans une rue le long de l'Académie française. Fauchat prend quelques secondes avant de s'avancer. Discrètement, il me tend un sac. Entrouvrant la fermeture, je vois qu'il est plein de bombes aérosol. Je détaille Fauchat, tellement mal habillé, avec cette chemisette jaunâtre rentrée dans son pantalon et son col boutonné jusqu'à la glotte.

Son front brille de sueur au moment de m'annoncer enfin le job que je dois exécuter pour lui. Il insiste lourdement :

— Personne du foyer de Vaugirard ne doit savoir que nous nous voyons. Laisse croire que nous sommes fâchés.

Il essuie la buée sur ses lunettes à double foyer et reprend d'une voix haletante :

— J'espère que tu sais te servir de ces engins-là. Tu n'as qu'à appuyer dessus. Mais, je t'en supplie, écris bien gras.

Je lui ris au nez.

— Bien sûr que je sais me servir d'un aérosol. Accouche, mec. Dis-moi ce que je dois écrire, et où. Et paye-moi une partie avant.

Fauchat se redresse, devient plus explicite.

— Avec ça, tu vas bomber tous les emplacements libres. Recouvrir les affiches des murs. Ratisser tout le Ve arrondissement.

Je rigole, impatient. Lui reste sinistre. Quand il me tend l'argent, ses mains sont moites. Puis il me jette une boulette de papier que je dois défroisser. Dessus est écrit « LIBÉREZ SALAN L'OAS VAINCRA. »

Fauchat ne semble pas convaincu de mes capacités. Je crache par terre et lui jure sur la tête de Dieu.

— T'inquiète pas, Fauchat. Rendez-vous demain soir à Saint-Germain-des-Prés, au café Bonaparte. Je te rendrai ton sac vide.

Il piétine de rage.

– Mais non, jette-le dans la Seine ! Et si tu veux une prime, n'oublie pas les couloirs du métro Saint-Michel. Surtout, si quelqu'un t'aperçoit, dégage.

T'inquiète… Desserre au moins le col de ta chemisette.

– J'ai pris note. J'écrirai bien gras. Libérez Salan ! L'OAS vaincra !

J'ai prononcé ces mots trop fort. Fauchat tressaille et remonte les escaliers de la Seine, quatre à quatre, en se tortillant. Une feuille de papier à cigarette ne lui passerait pas dans la raie du cul.

L'inconvénient avec cette saloperie de peinture en bombe, c'est que ça pue et ça t'en laisse plein les mains. Pour écrire gras, faut repasser deux fois.

J'ai commencé par m'exercer sur un volet fermé de la rue Soufflot. Aux abords de la faculté de médecine, je pige le truc. Puis couvre le mur arrière du Panthéon.

Non. Je ne souillerai pas l'église Sainte-Geneviève.

Trop de monde dans la rue Mouffetard. Je vais m'offrir une petite pause-limonade. Au bar, je gamberge. Il ne peut rien m'arriver ? J'ai mon certificat d'identité sur moi.

Chris voudra-t-il encore de moi en rentrant ?

Et s'il rencontrait quelqu'un d'autre aux trois jours ?

Il n'y a vraiment plus grand monde à Paris.

Je peux librement bomber «LIBÉREZ SALAN» sur le portail de Polytechnique. Après, je jette les aérosols vides dans les égouts. Ça sent la peinture fraîche.

Quelqu'un, rue des Carmes, me voit et vocifère.

— Voyou!

Heureusement, je cours vite. Puis je prends mon temps pour écrire à la verticale les trois lettres OAS sur les gouttières de la rue des Écoles, déserte. Pour aujourd'hui, c'est bon, j'arrête. Mes doigts sont bouffés. Il est sept heures moins le quart. Le soleil s'est caché. Il me reste juste assez de peinture pour demain, si je veux barbouiller les couloirs du métro.

Devant la Sorbonne, un glandu de bronze est dressé sur son socle. Je ne vais pas moisir ici pour déchiffrer son nom. Quelqu'un est déjà passé, la plaque est illisible sous l'encre rouge sang : L'OAS VAINCRA.

Je vais planquer mon sac dans la bouchure. Voilà que je me mets à penser en berrichon. Une fille me drague.

— Merci chérie, mais je ne suis pas libre en ce moment.

Je rentre à pied, peinard, pour être à l'heure au foyer de Vaugirard. Au réfectoire, nous sommes cinq à dîner.

— C'est quoi ce soir?

— Soupe au tapioca.

Je me sens seul. Mais je ne veux plus me tourner le sang. Il y a un an, je vendais du muguet à Pigalle. J'ai fait un peu de chemin. Encore deux jours et Chris reviendra pour ne plus me quitter. Demain j'irai choisir sa chemise blanche chez Caddy, devant la bouche de métro qui relie la station Bonne-Nouvelle à Strasbourg-Saint-Denis. Je devrais réussir à écrire OAS sur toute la longueur du couloir, dans les deux sens.

Soudain on glisse une enveloppe sous la porte de ma chambre. Du fric. Quel panard. Plus que je n'en espérais. Ce n'est pas une chemise que je vais offrir à Chris, mais deux! Et une pour moi.

Fauchat est un espion. Il m'a suivi à la trace tout l'après-midi. Et il m'a payé, ce qui prouve que c'est du travail bien fait. J'ai écrit gras.

Au petit déjeuner, l'espion se fait distant. Il avale du thé bouillant, seul à une table, comme s'il ne m'avait jamais vu. Sans répondre à mon salut, il se tire, congestionné dans son col de chemise.

— Fais gaffe à ce type. Pourquoi tu parles encore à ce facho, je vous croyais fâchés, me prévient Méducin, un plâtrier, en se léchant les doigts.

Il en sait plus que moi, qui ne cherche pas à comprendre la politique. Ce que je veux, c'est du fric, pour les vacances et pour emmener Chris au cinéma voir Brigitte Bardot dans *La Bride sur le cou*.

Aimez-vous Brahms ? Je n'arrête pas de chanter le générique de ce film en ce moment. Ça me donne du cœur à l'ouvrage pour barbouiller le couloir du métro Bonne-Nouvelle.

> *Quand tu dors près de moi*
> *la la la*
> *Que tu parles tout bas*
> *la la la.*

Avant de partir jouer les bidasses, Chris m'a laissé entendre que je la chantais aussi bien que Dalida.

Ma voix résonne dans le tunnel. En une heure, il n'est passé personne C'est étrange pour un samedi matin. Tranquille, j'ai inscrit : « LIBEREZ SALAN », en un mètre sur dix. Écrire entre les joints de carreaux blancs, ce n'est pas du gâteau. Le souci du détail me fait rager. La peinture bave sur la faïence. Mon *O* ressemble à un œuf. Mon *A* est difforme. Mon *S* dégouline. J'ai un mal de chien à épaissir les lettres avec cette saloperie de bombe qui ne veut plus rien cracher pour le *S*.

Ça, c'est tout moi. Je ne les ai pas entendus venir. Sortis de nulle part, trois flics sont là, leurs chemisettes bleues font bloc autour de moi. Le plus jeune attrape vite le sac. L'autre, souriant, dégaine son calibre et m'agrippe par la nuque pour me faire avancer. J'ai commis l'imprudence de les insulter - mais sans me débattre – jusqu'à la sortie, où se sont attroupés quelques curieux. Le rouge me monte aux joues quand le troisième flic me passe les menottes avant de déclarer aux badauds :

– Écartez-vous, messieurs dames, c'est un dangereux petit pied-noir.

Les flics me poussent violemment sur la banquette arrière de la 404. S'il y a la cocarde sur le pare-brise, je suis cuit. Le chauffeur démarre en trombe. Nous roulons sirène hurlante jusqu'au 36 quai des Orfèvres.

Je me suis rendu comme un mouton qu'on va tondre. Cette femme flic, je la reconnais à ses lèvres minces. Elle m'a déjà interrogé à la brigade des mineurs, voilà deux ans. Je lui remets mon certificat d'identité en espérant que ça suffira.

Elle a grossi, son tailleur bleu marine la boudine, et une barrette supplémentaire brille à ses épaules. Mais je ne plierai pas devant ses menaces et la lampe qu'elle me plonge dans les yeux.

– Ne me dis pas que tu écris tout ça par conviction ? Qui t'a donné les bombes ? Sais-tu que les partisans de l'Algérie française sont désormais considérés comme des terroristes ?

Je veux résister pour Chris et de toute façon je ne citerai jamais un nom, même pas celui de Fauchat. La grosse s'exaspère, elle en écrase ses talons aiguilles de tout son poids.

— Je me souviens de toi, Villard avec un *d*. Eh bien, puisque tu ne veux rien me dire, tu passeras tes Pâques à la Conciergerie et, dès mardi matin, tu sauras comment on traite les terroristes ici.

On m'enferme au Dépôt avec un assassin en transit. Ce petit maigre, au teint blafard, broie les heures puantes à m'expliquer comment il assassine très bien. Avec nous, un vieillard amoché divague, il rabâche qu'il ne mérite pas sa naissance... «Je traverse l'existence entre les aigles et les colombes pour être venu au monde avant terme.»

J'ai chaud-froid, de tout le week-end de Pâques, nous n'avons eu que du pain rassis et de l'eau.

Mardi matin, les flics reprennent le turbin.

J'ai juste le temps d'apercevoir un bout de ciel par les vitres de la 404 avant qu'on me jette dans une nouvelle cellule en sous-sol, seul. Quatre matons se placent aux coins de la pièce exiguë. Un cinquième, large comme un éléphant, se frotte les paumes après avoir refermé la porte capitonnée.

Le plafond bas feutre leurs voix.

– Qui t'a filé les bombes? Étais-tu avec des amis?... Dans l'affaire du métro Charonne, par exemple?

Une force mauvaise se dégage des cinq matons. Sans air. Les matraques se lèvent. J'ai pris un poing au foie. Je dégueule mon café au lait jusqu'à la bile. On me balance comme un polochon. Des étincelles me traversent les yeux, mais je ne sens plus les coups. Je suis à La Celette, cerné dans une étable, le père Torino éventre les chevaux. Je mords un maton qui me brûle la main avec sa cigarette. Ma force s'en va, mes genoux fléchissent, tout mous, le ciment contre ma gueule déchire ma joue, je suis une boule d'ouate. Mon âme s'envole vers l'extérieur. Au secours, j'ai crié: «Chris, je vais mourir pour l'OAS.»

J'ai bu mon sang et puis plus rien.

– Bonsoir monsieur, quelle heure est-il, je suis où?

– Il est 11 heure du matin. Vous êtes à la prison de la Santé depuis deux jours.

Dans une pièce fraîche et sombre, un flic en civil sort de son mutisme pour s'excuser.

– Mes collègues ont un peu outrepassé les ordres. C'était le week-end.

Je n'ai plus qu'une chaussure. Mon coude droit s'est déboîté. Mes lèvres sont boursouflées. J'ai mal. Je bouge à la vitesse d'une corne d'escargot.

— Il ne fallait pas faire ce genre de connerie, me soutient le flic en costume Bodygraph. Si je vous ai bien saisi, vous n'avez aucun ami… Vous ne comprenez rien à la signification de vos inscriptions barbares… Vous devriez savoir que l'Algérie, désormais, n'est plus française.

Je me méfie de son vouvoiement poli et acquiesce péniblement de la tête. Il conclut sans me demander si j'ai besoin de quelque chose.

— Vous ne bougerez plus du quartier jusqu'à vos vingt et un ans. Votre juge et votre tuteur en ont décidé. Il n'y a que deux rues à traverser pour passer votre jeunesse à Saint-Vincent-de-Paul.

Il ne m'est rien arrivé. Je suis encore revenu à Denfert, cette fois-ci couvert de Mercurochrome et de pansements. Je me découvre dans la glace, détruit. Le visage plein de bleus, des plaies dans la bouche et de la bile dans le bide. Mon cœur est froid.

Même Rocky, notre faux blouson noir, qui prend racine ici, a pitié de moi.

— On te vengera, Villard! On va leur faire la peau, à tous ces poulets.

Pauvres mythos d'orphelins qui se croient en vacances parce qu'ils sont en short.

Il a fallu trois jours à mon âme pour revenir en moi-même. Mais je la sens prisonnière dès qu'une cloche sonne le glas. Je dois à tout prix fuir d'ici. Jusqu'à nouvel ordre, tout m'est interdit. Pas de télé, pas de bibliothèque. Même pas le droit d'envoyer un courrier. J'ai réussi à glisser quelques mots à Chris, par l'intermédiaire de Roger.

– Es-tu heureux?... Oh, pardon, Roger, heureuse?

Je ne sais plus comment lui parler à Roger, maintenant qu'il est devenu une vraie femme. Il veut que je l'appelle Martine... Martine aime donc revenir en talons hauts sur ses traces de garçon. Et Chris, pourquoi ne répond-il pas? On bloque mes lettres. N'étais-je qu'un objet de désir pour lui? Depuis minuit, j'ai seize ans. Encore un anniversaire loupé. Les lézards sillonnent le réfectoire en cette fin juillet. Cinq ans ici, ça fait combien de saisons perdues près d'un mouroir?

Je sens que la mort vient. Le soleil s'est trop souvent couché sur rien. L'AP de la République, Robillat, un dirlo, un juge, des pions, des flics... Je ne suis pas comme eux. Je n'ai personne à tuer. Je dérive.

C'est l'heure de la sieste obligatoire. Ma vraie raison de dériver, c'est Chris. Faut que je me barre. Je sors par la grande porte du 74, avenue Denfert-Rochereau.

LIVRE III

Seize ans depuis deux jours, seize ans, un pull, un jean et une chemise. Plus de papiers. Plus d'ami. C'est les vacances. Tout est fermé. Même les Beaux-Arts. Pas de Chris. Je suis repassé sur nos traces, sans le trouver nulle part. Mon dernier espoir, ce serait Vaugirard, mais je n'irai pas. On m'y reconnaîtrait, j'ai peur des flics, de tout. Je marche. Je n'ai pas vu un vol d'étourneaux depuis longtemps. Je marche.

Je ne vais pas à Pigalle. Je fais le XIVe, le XVe. Parfois, en traversant le Ve, je tombe sur un de mes graffitis : L'OAS VAINCRA. Tout s'écroule derrière la gare Montparnasse. On abat des immeubles. Le quartier se désagrège, pour laisser place à un autre. Si j'avais un canif et de faux papiers, je partirais à l'étranger. C'est minant de ne connaître personne. Mais je n'irai pas à Pigalle.

Si je rencontre Fauchat, je lui casse la gueule.

J'ai faim. Tout le temps.

J'ai faim. Vraiment.

Rue Vercingétorix, un fou jette de la peinture sur une toile fixée à la façade d'un immeuble. Ses pinceaux, son sandwich traînent sur un pliant. Je fixe le sandwich, dans du papier d'alu. Le peintre jette vers le ciel, du plus haut qu'il peut, des gerbes de couleurs.

— Ma peinture t'intéresse ?

Barbu, maigre. De grands bras, de grands gestes.

Machinalement, il prend son sandwich, le partage et m'en tend une moitié. Ma chemise est crade, il a vu mes yeux sur le pain.

— Ça t'intéresse, la peinture ?

— Ben oui.

Je me méfie. Je surveille les côtés. Je ne vais pas traîner. Il me tend un carton.

— On voit que t'as faim. Si tu veux bouffer, viens vendredi. Je m'appelle Dado, j'expose dans une galerie.

Il ressemble à Jésus-Christ, ce type. Et sur le grand mur, il peint une forme en croix.

— Salut monsieur, merci.

On en reste là.

Le carton d'invitation, je l'ai mis dans ma poche, avec la photo de Dalida. Des trains partent, je traverse des chantiers, des gravats, jusqu'à ce que le soleil disparaisse avec le quartier démoli. Dans la cabane d'ouvrier, au milieu des pelles et des pioches, à quoi je peux bien penser qui m'aiderait à m'endormir?

Demain, si je rencontre Fauchat, je lui casse la gueule.

Le nylon, ça se lave bien. On secoue la chemise à bout de bras, elle est déjà sèche. J'ai ma chemise, mon pull, mon jean. On est quoi, le 27, le 28 juillet, peut-être. Je ne sais plus les jours, mais je reste propre. Vite fait, je mets les pieds dans le lavabo de la gare. Quand on sent des pieds, c'est qu'on est foutu. Et je crache sur mes chaussures pour les faire briller. J'attends. Chris reviendra pour la rentrée des Beaux-Arts. Je regarde passer des mariés. La rue tue le temps.

C'est un jour faste aujourd'hui, j'ai un truc à faire. Je vais aller dans une galerie pour bouffer. À un vernissage, on bouffe. Je vais voir des gens.

Montparnasse-Miromesnil, à pied, c'est rien quand on ne fait que marcher. Et passer la Seine, c'est toujours beau. Je n'ai pas un sou, mais j'ai Paris.

À midi, je suis déjà sur le trottoir d'en face. Le carton précise 18h30. Alors je fais le tour par la rue du Faubourg-Saint-Honoré, la rue de l'Élysée, la rue La-Boétie. Au soleil, je me nettoie bien les ongles. Les ongles, c'est comme les pieds, tant qu'ils sont propres, t'es pas foutu.

Devant la vitrine de la galerie, il y a une camionnette. Des types plantent des tableaux, des formes. 14h45. Je repars pour un tour. Rue du Faubourg Saint-Honoré. Rue La-Boétie. Vers 16 heures, ils apportent la bouffe. Un homme en gabardine entre. Et puis un autre. Tout à coup, ça fait du monde. Des femmes, pourries de chic, en petite robe d'été. Une Rolls Royce, ouverte par le portier. Il y a deux types en casquette, ce sont peut-être des poulets pour les bourgeois. Quartier fliqué, quartier friqué. La porte de la galerie est grande ouverte, mais je n'entre pas. Faudrait y aller, après il ne restera peut-être plus rien à bouffer. À l'entrée, on tend son carton et on passe. Les gens sont gais.

J'entre.

Tout de suite, je sens les parfums et je vois le rouge des lèvres. Mais, en cas de problème, je préfère rester près de la sortie, je ne m'enfonce pas dans la galerie. C'est clair, crémeux, le cours joyeux des murmures me berce. Les riches, ils sont toujours doux, toujours entre amis, à admirer de l'art.

– Bonjour Coco!

Une petite femme toute droite, la voix rauque, l'air sec. Les femmes sont en chapeau.

– Tu n'es pas à Biarritz?

– Cannes!

Je n'ai pas peur. Je ne suis pas vraiment là.

– Une petite bourgade en Normandie.

C'est plein de vieilles qu'on appelle mademoiselle.

– Et Iris Clerc, vous la connaissez?

Tout le monde doit la connaître, on ne voit qu'elle, un grand cheval avec des fleurs en papier, des feuilles de chou partout, très marrante. Un vieux avec son minet, eux, je les repère tout de suite. Au loin, j'aperçois Dado sous un tableau terrible. Il me voit sans venir vers moi. Pas grave, je n'ai besoin de personne. Juste guetter le passage des mecs avec leur plateau d'argent, ça, c'est important. Prendre tout ce que je peux, à deux mains. Et sourire, tout ce que je peux.

J'aime les parfums, les voix rassurantes, les petits cris amusés. Le jus d'orange tellement frais.

J'entends le nom Rothschild, et je regarde comment c'est, un Rothschild. Je préfère Iris Clerc, avec ses grosses pâquerettes en crépon. Tout à coup, elle attrape le bras d'une belle grosse dame.

– Marie-Laure, ma chérie…

Nos yeux se croisent. Je dis :

– Bonjour, madame.

Elle me scrute en tripotant la chaîne de son sac. La femme-fleurs-de-papier écarquille les yeux sur moi.

– Il est mignon, cet ange…

Sa main vole comme un oiseau…

– Marie-Laure de Noailles.

– Moi, je m'appelle René. Je connais votre nom. Je suis monté dans votre automobile, une fois, il y a longtemps, sur la route de Saint-Saturnin.

– Oh, mais oui, je m'en souviens, je parcours souvent la campagne berrichonne, vous venez du pays des sorciers, petit chevalier ?

– Oui, madame.

– Daniel, tu es là, tu as vu que nous avons un petit Berrichon ?

Daniel Cordier sourit, dit bonjour et disparaît.

La main de Dado tombe sur mon épaule.

– Viens voir. Regarde, ça c'est à Chaissac, ça c'est à moi. Qu'en penses-tu ?

En même temps qu'il me parle, il répond à un autre. Ce qui est agréable chez les riches, c'est qu'on n'est pas obligé de répondre, ils passent vite à autre chose. Daniel Cordier revient. Dado part d'un grand rire.

— C'est mon petit admirateur, je l'ai rencontré dans la rue.

J'aimerais m'en aller, mais je ne m'en vais pas. Daniel Cordier, c'est le maître ici, il navigue, tranquille. Tout le monde lui parle et lui ne dit presque rien. «Formidable. Peinture. Profondeur.» Des mots couverts de sucre et de parfum. Daniel Cordier et Iris Clerc occupent un coin. J'ai mangé, quoi, quarante petits fours, alors je savoure, au fond, sans bouger, sans rien dire, en souriant, je mâche. D'un imperceptible mouvement d'épaule, Daniel Cordier me fait face, son sourire pétille jusque dans ses yeux.

— Qui êtes-vous?

— Je suis René, j'en ai marre. Je suis évadé.

— Bien, bien.

Il s'en va. Il a des choses à faire. Des gens à saluer.

J'avale le fond de mon jus d'orange. Il y a moins de monde, les gens partent. Je suis bien là.

Daniel Cordier revient.

— Vous êtes évadé d'où?

— D'orphelinat.

Ses yeux se sont plissés sur moi, plus fort.

— Alors vous n'avez aucun parent, pas de famille?

— Non, je n'en ai pas.

Il tourne, salue et revient toujours vers moi.

Chaque fois, il hoche la tête, en levant les sourcils. Puis sourit, s'en va. Revient.

– Ça va ?

– Oui, ça va.

Le brouhaha s'est estompé. La galerie est presque silencieuse, vide, sauf la petite bande autour de Daniel Cordier. Il regarde la rue à travers sa vitrine, agite la main vers quelqu'un, puis se retourne. J'aime cette tranquillité, il remonte toute la galerie jusqu'à moi.

– Écoutez, venez déjeuner avec moi demain.

Sa petite taille me frappe. Et la douceur de sa voix, avec un léger cheveu sur la langue, on n'imaginerait jamais que c'est le patron.

On vous attendra. Rue Jean-Mermoz, le restaurant juste en face de l'ambassade d'Israël. Vous trouverez ?

– Je trouverai. Voui, voui, voui.

Et je pars immédiatement.

D'une traite, je rentre à Montparnasse, pour dormir dans ma cabane à pioche de la rue Vercingétorix. Au fond, je ne crois pas à ce type avec son cheveu au bout de la langue, mais je suis content. Demain, il ne sera pas là, il aura oublié, les gens m'oublient en général. Mais ça me coûtera quoi ? Une balade. Bien sûr que j'irai, et je ne trouverai personne, rue Jean-Mermoz en face de l'ambassade d'Israël.

J'entre sans hésiter. Je n'ai plus les moyens d'hésiter. Il est assis avec un homme qui était déjà là hier soir, Frédéric. Il dit trois mots, Frédéric se lève.

Daniel Cordier me fait asseoir. On va déjeuner seul à seul, face à face.

— Regarde la carte, qu'est-ce que tu veux manger ?

Je commande et je redresse la tête.

— Je ne sais pas vouvoyer les jeunes. Qu'est-ce que t'aimes, toi, dans la vie ?

— Personne ne m'aime, moi j'aimais Chris.

— Qui était Chris ?

— Je pensais que j'allais tout partager avec lui. Je lui chantais mes chansons préférées. J'aime les vraies chansons.

Daniel Cordier pose son menton dans sa paume.

— Alors, raconte-moi.

Et moi, je lui déballe tout. En vrac. Daniel Cordier boit de l'eau dans sa veste élégante. Il ne dit rien, de temps en temps il sourit, de temps en temps il hoche la tête. Sans poser de question. Je ne ressens ni confiance ni défiance, je me livre à quelqu'un d'attentif. Qui ne fait qu'écouter et, pour la première fois, je trouve cela naturel.

Je n'ai rien demandé, rien caché. J'ai pris deux fois de la tarte Tatin. J'ai tracé des sillons dans la crème au fond de ma soucoupe, et puis je me suis tu. Il me fixe, les lèvres pincées. Je ne sais plus combien de temps j'ai parlé, mais cela a duré longtemps, il n'y a plus personne dans le restaurant.

Il pose ses mains bien à plat sur la nappe.

– Vous…

Il me dit «vous» tout à coup.

– Redites-moi bien votre nom, en l'épelant.

J'épelle chaque lettre de mon nom, il les note une à une sur son calepin avec un minuscule crayon doré.

– Vous allez rentrer à l'orphelinat et on vous en sortira.

Et puis c'est le grand silence de ma vie.

Dans le restaurant, j'ai parlé, parlé, sans réfléchir. Une fois dehors, au carrefour des Champs-Élysées, je marche vers l'orphelinat. J'ai tout dit. Mêmes mes rêves, les brumes de ma mère et les brumes du Berry. J'ai rencontré quelqu'un, et j'ai raconté à quelqu'un, même à Chris je planquais tout. À Vaugirard on est trop pudique pour la vérité. En allant vers Denfert, je mouline, je pense vite, je marche vite. Je vais traverser la Seine, couper par les Invalides, je connais Paris comme ma poche. En longeant un fiacre, je caresse la queue de la jument. C'est juillet, gris, il ne fait pas chaud, j'ai enfilé mon chandail pour passer le pont Alexandre-III. Au bout d'un moment, je fais des bonds. Je ne sais pas pourquoi. Je fais des bonds sur le pont Alexandre-III. Je ne sais pas qui je suis, mais je l'ai dit.

Parfois il a souri, parfois il a froncé les sourcils, et parfois il a détourné la tête.

C'est samedi. Quelqu'un a prié pour moi, l'abbé Angrand a prié pour moi. Je rentre à l'orphelinat, je ne vais pas continuer à dormir dehors. Il y a d'autres gens. Si personne ne vient, je m'évaderai. Ne traîne pas. N'hésite plus. La faim, la crasse, les flics, les coups, je n'en veux plus. J'arrive à l'orphelinat, par la grande porte, comme Roger. La cloche sonne quatre heures. Aujourd'hui c'est l'été, demain il y aura quelqu'un.

Ce ne sera pas la peine de sauter le mur pour réintégrer Saint-Vincent. On rentre et on sort comme dans un moulin, ici ; pendant les vacances les visites sont autorisées de 14 à 18 heures. Sur le seuil, une petite femme aux yeux cernés me demande un mouchoir. Elle pleure, je parie qu'elle vient d'abandonner son moutard.

Faut-il être abruti pour revenir ici ?

Je n'ai pas dû briller par mon absence. Mon lit est resté défait, je n'ai pas envie de le retaper. Sur le carrelage, le caoutchouc de mes espadrilles laisse des traces. Je cherche des recoins calmes, silencieux. Daniel Cordier va venir me chercher. À force de la repasser dans ma tête, cette phrase devient comme mon image. Un type tel que lui ne peut que laisser traîner ma viande. « On va te sortir de là », il a dit, j'ai bien compris. Mais c'est qui, « on » ? « On est un con. »

J'attends. Un peu trop. Ce n'est plus un sentiment, c'est mon état. Une petite boule qui durcit
dans mon ventre et s'aggripe à ma poitrine. Je ne
respire pas fort, je ne bouge pas beaucoup et je parle
doucement, lèvres serrées. Si on me refourgue à la
campagne, chez les ploucs, je ne supporterai pas
Plutôt braquer une banque : au moins, si tu te fais
piquer, tu sais pourquoi on t'enferme. Je suppute, je
suppute, arrête de supputer, Villard.

Bientôt le n° 764 sera enseveli. Un jour, je ne me
souviendrai plus de ces trois chiffres pendus à mon
cou.

Au mois d'août, l'autorité diminue. Les jours
aussi. Les pions nous laissent cavaler, il faut vraiment être à l'agonie pour qu'on ouvre l'infirmerie.
On ne te tond plus − il n'y a plus de coiffeur −, c'est
déjà ça. Aziz est de retour, voilà dix ans que nous
nous croisons dans les trains et que je l'entends se
faire traiter de sale raton. Il est mal dans sa peau,
sans même un vêtement personnel. Au réfectoire de
la mal-bouffe, on n'aime pas les mots «enfants»,
«orphelins», «pensionnaires»… À deux, à trente, on
se moque des paysans en comptant les bleds où on a
vécu. Tous, nous redoutons l'annonce des départs,
les petits coups secs de la préfète sur la carte de
France. Aziz rêve d'aller vivre en Algérie. Chaque
samedi, il croise les doigts en répétant sa phrase

fétiche : « L'oiseau qui ne voyage pas ne saura jamais dans quel pays les blés peuvent mûrir. » Moi, je fais mon signe de croix, à la sauvette.

Aziz et moi ne serons pas du convoi, ce soir. Rocky s'en va à Metz pour devenir ouvrier tourneur. À la télévision, Catherine Langeais annonce « Cinq colonnes à la une », tandis que des pots de yaourt s'écrasent sur l'écran. Je ne veux plus qu'on m'impose un décor.

Trente jours déjà. Où es-tu, Daniel Cordier ? Je ne m'évaderai plus. En hiver, la nuit passe mal sous des cartons. La liberté, c'est pas ça. Il faut que j'arrête de compter les jours dans le vide. Au lit, je me fais mon film sous la veilleuse violette : Cordier arrive habillé de blanc, il donne un ordre au juge et m'embarque dans sa voiture confortable. Et puis ça recommence, la voiture silencieuse, la buée au carreau, le visage de Cordier et cette portière qui s'ouvre comme une grotte. Je m'endors avec des frissons sous le cuir chevelu. Sa voix traverse mon sommeil : « On va te sortir de là. » Et puis une barre de fer tombe sur mes poumons, tout devient précis et agressif, les objets, la lumière du jour et enfin je comprends : « on », c'est personne, et Cordier, c'est du bluff. Je ne cracherai plus le morceau. Faut jamais parler de soi L'espoir, c'est de l'intime, ça ne se partage pas. Et puis on m'enverrait chier, et les chiottes sont bouchées. Sinon ça va. Aucun sbire n'a encore menacé de se jeter par la fenêtre. Le moral remonte. J'arrive à me rendre utile avec le peu d'espoir qu'il me reste. On apprend des choses de la vie tous les jours, même dans une buanderie. Il faut simplement avoir le sésame : «Par la cuisse à Jupiter». Nous sommes quatre à connaître le mot de passe qui permet de tirer un coup dans le linge sale. Justine, Nadège, Aziz et moi. Rien n'est plus divertissant que de pousser un chariot avec un complice planqué sous le tas de linge. Personne ne se doute de rien. «Par la cuisse à Jupiter». Au moins, je n'ai pas d'acné. Aziz aime beaucoup grimper Justine sur la montagne de draps. Je n'en peux plus, je suis lessivé. Nadège est vorace, elle me bouffe même les doigts de pied.

Cette nuit, l'orage a fait voler en éclats les vitres du dortoir. Tout le monde ronflait dans les courants d'air quand l'aumônier est venu me réveiller.

– Atchoum. J'ai les méninges qui s'enrhument. Quel jour sommes-nous, mon père?

– Le 2. Lève-toi, prépare ton balluchon. Une belle journée s'annonce.

Je n'aime pas le thé ni me lever à l'heure des taulards. La cuisine de la chapelle Saint-Vincent est sinistre, les murs sont froids et les bols blancs. J'aimerais bien savoir ce qui m'attend, à tous les coups c'est un rendez-vous chez le juge. La radio annonce que les Chats Sauvages se séparent. Dany Boy n'a plus ses pénitents. Qu'ils se démerdent, tous ces riches. Daniel Cordier n'est pas venu. Aux chiottes, les chanteurs de rock'n'roll.

L'aumônier hume ses roses en jetant vers moi de petits regards malicieux.

– Miracle de la beauté.

Je t'en foutrais, des beautés, des miracles. Il n'a rien à me dire. Sa grosse patte parcourt l'Évangile avant la messe de sept heures.

Enfin, il daigne s'adresser à moi.

– Désires-tu te confesser ?

– Non merci, mon père, je ne suis pas allé à la messe depuis... J'ai oublié tout ça. Mais j'ai été enfant de chœur, vous savez ?

– Je le sais, René. Tu as même été baptisé deux fois.

– Deux fois ? Première nouvelle. C'est une de trop.

– Tout petit, tu as d'abord été baptisé ici par les frères de cette sainte chapelle. Et puis à La Celette par le père Angrand. Parfois le destin complique la vie. Dieu le veut, c'est ainsi.

Que l'aumônier me parle du père Angrand, ça me fout un coup. J'avais oublié cet homme, et je le retrouve, en un instant, tout entier.

– Je peux aller prier dans la cour près de la chapelle ?

Je ne m'agenouille pas. Pardon Tony, je n'ai rien su retenir de nos prières. Je te revois me crier dessus, de toute ta hauteur.

L'aumônier me demande de parler moins fort.

– Vous serez bien bon de me laisser continuer, mon père.

Tony, pour toi, je vais rentrer dans la chapelle et je vais prier la Vierge Marie.

Quand je me tais, l'aumônier joint ses mains.

C'est dingue, le nombre de bonnes sœurs à Saint-Vincent. La chapelle est pleine de femmes gris-blanc. Le père Aubade dit l'office, je le reconnais, celui-là, il accompagne les condamnés à mort de la prison de la Santé jusqu'à la guillotine.

– Prions, mes frères

Chantons l'éternel. Taratata… J'ai prié pour moi.

Dès que la messe est terminée, l'appel des orphelins commence. Mais je n'ai pas à rejoindre les rangs pour répondre présent. L'aumônier me souhaite bonne chance en m'enfermant dans la bibliothèque. Le décor a fané sous la poussière. Roger n'est plus là pour le ménage. Pardon, j'oubliais que Roger s'appelle Martine. Personne n'a ouvert *Moby Dick* depuis que je l'ai placé en biais sur l'étagère, juste à côté de Maupassant.

J'entends venir. Cette façon de marcher, ces grands pas, c'est Auffort. Les semelles de ses godasses sont cloutées. On déverrouille la porte. Auffort est là.

– Suivez-moi, je suis pressé. J'ai dû interrompre mon séjour à Chamonix pour vous.

Il me vouvoie. Bronzé, ridé, toujours aussi sec.

– Allons, dépêchons. J'ai un train à prendre. Entrez, entrez donc…

Ce bureau m'est inconnu, les meubles sont en métal. Daniel Cordier est assis, jambes croisées dans un fauteuil de fer. Costume marron chiné, cravaté, chemise claire.

– Alors ça va ? Je suis là.

Je fais un signe. Juste un. Je ne peux pas parler. Daniel ouvre la barrière qui nous sépare, il me prend par l'épaule en me demandant de m'asseoir à côté de lui. Auffort ne l'aurait pas fait, il m'aurait laissé debout de l'autre côté de la limite. Daniel Cordier m'a pris par l'épaule. «Je suis là.» Je vois sa main, propre, sur l'étoffe de son pantalon. Ses chaussures en daim. Le dirlo s'est plongé dans un dossier.

– Voyons, Villard… Selon la loi du 24 juillet 1889 – cette date doit vous dire quelque chose –, l'AP a utilisé les articles 17, 18 et 19 afin de vous éviter une déchéance semblable à celle de votre mère qui est encore de ce monde, Dieu sait dans quel état… Je ne vous présente pas votre nouveau tuteur, vous vous connaissez?

Pourquoi Auffort me parle-t-il méchamment? Je ne vais pas pouvoir rester là. Dix mille choses contradictoires s'agitent en même temps à l'intérieur de moi.

– Dans un an, vous serez émancipé si vous n'êtes plus écervelé.

Je tourne le dos. Vers une fenêtre. Ce n'est pas la frousse. C'est juste un coup de fatigue. Et si quelque chose de laid dans mon visage le dégoûtait? Imperceptiblement, il s'est raidi. Il s'ennuie. Il ne va pas m'emmener. Son regard est devenu lointain, il n'aime pas les émotifs. Tout ce déballage, ça me choque. Je ne veux pas qu'il s'en aille. Mais, pas du tout, il enchaîne avec aplomb.

– Voyons, Auffort, évitons ce débat, nous l'avons déjà eu tous les deux. Nous ne sommes pas au tribunal.

Et toc, c'est envoyé.

– Cher monsieur Cordier, je suis parfaitement d'accord avec vous.

Auffort s'aplatit devant lui. Ce n'est pas avec nous qu'il a cette courtoisie, mais, nous, nous n'avons pas de décoration à la boutonnière. Cordier, c'est le pouvoir. Je pense, très vite, une seule idée : est-il possible que Daniel Cordier devienne mon tuteur ? Mon tuteur, avec un ruban rouge à la boutonnière ?

– Villard, vous êtes libre, autonome, mais vous restez suspect.

Le sourire en coin de Daniel me laisse penser que, s'il me garde, je n'aurai plus besoin d'une mère. J'oublierai que je ne sais pas d'où je sors.

– Réfléchis bien, Villard. À la moindre incartade, tu reviens.

– C'est tout réfléchi, je l'ai déjà dit.

– Alors restons-en là.

– C'est bien, conclut Daniel Cordier.

Le fauteuil est lourd, je l'aide à le repousser.

– Pardonnez-moi, cher monsieur Cordier, ce n'est pas tout : vous oubliez le dossier – naturellement nous gardons l'original. J'espère que ce garçon ne vous donnera pas trop de fil à retordre. Son pouvoir de nuisance est illimité.

– Ne vous inquiétez pas, Auffort, je ne vais pas tuer son orgueil, il en aura besoin.

– ... Ici, je laisse tomber un bon copain qui s'appelle Aziz. Je pourrai revenir le voir de temps en temps ?

Daniel Cordier sourit, sans répondre à ma question, et tous les deux nous traversons la cour pavée.

Pense pas. Ne brusque rien. Laisse faire. Laisse-le faire. Sois sympa. Fais-toi petit, pas minable. Sois fier. Marche. Avance. Je suis calme, pour une fois. C'est grâce à sa belle veste et au daim de ses chaussures aussi. Et puis, il a l'air si tranquille. Sans un mot ni un regard plus haut que l'autre. Il est venu, comme il avait promis. Normal, tout est normal quand nous sortons de la cour, sur l'avenue Denfert-Rochereau.

Partir en taxi, c'est du luxe.

— Maintenant, qu'est-ce qu'on fait ? J'ai deux jours à perdre pour t'installer. Libre, autonome mais suspect.

Il se moque, Daniel Cordier. Prends ça, Auffort. Daniel me demande même de répéter ces trois mots avec lui. « Libre ». « Autonome ». « Suspect ». Ça l'enchante

— Allons à Sèvres-Babylone. As-tu faim ?

— Oui, je n'ai avalé qu'une hostie.

Le chauffeur de taxi laisse apparaître sa bonhomie : nous avoir attendu si longtemps lui fera une belle course. Pour la première fois, je roule dans Paris mais pas dans une voiture de flics. Je me gratte, j'ai encore des fourmis.

— T'a pas de poux au moins ?

— Mais non.

– Alors ne te gratte pas la tête. Taxi, arrêtez-nous à l'hôtel Lutétia.

Pourri de chic, l'hôtel.

– C'est bon ?

– Très.

La crème fraîche, je n'en avais jamais goûté à Paris.

– Tu veux autre chose ?

– Non merci.

Cet endroit me fait honte avec mes pompes trouées.

– Pendant la guerre, ici, c'était le quartier général de la Gestapo.

– Ah bon, qu'est-ce qu'elle foutait là ?

– Viens, je t'expliquerai une autre fois. On va te changer. Arnys est juste en face.

– Bonjour, monsieur Cordier.

– Armand, bonjour. Il faut m'habiller ce jeune homme des pieds à la tête. Donnez-lui des sous-vêtements, trois chemises et un blazer bleu marine. Pour le reste il choisira. Je vous le laisse une heure.

– Faites-moi confiance. Nous allons transformer ce monsieur.

C'est incroyable de s'entendre dire monsieur à seize ans.

– Excusez-moi, monsieur Armand, mais je préférerais porter un jean avec mon blazer bleu…

– Jeune homme, chez Arnys, on ne vend pas de jean, c'est une maison de qualité. Voulez-vous du thé ?

– Non merci.

Il me touche un peu trop l'entrejambe, Armand, mais restons docile. Sa tête passe souvent dans la cabine d'essayage. Sans cesser de tapoter sa vilaine coiffure laquée, il donne ses ordres à la petite couturière.

– Faites-moi l'ourlet des pantalons de suite. N'oubliez pas les manches.

– Regarde, Daniel, j'ai choisi les chaussures qui vont avec mes chaussettes écossaises !

Daniel rit de moi.

– Parfait, la chaussure fait la silhouette. Armand t'offre une pochette en soie ou une cravate…

– Non merci, je n'aime pas les cravates.

– Ne dis pas non et prends les deux.

Trois miroirs démultiplient mon image.

– Monsieur Cordier, comment trouvez-vous notre jeune homme ? Un vrai dandy, n'est-ce pas ?

– Impeccable. Faites-moi parvenir votre facture, comme d'habitude. Partons. Ming nous attend.

– Qui est Ming ?

– C'est le majordome qui a préparé ta chambre.

Être sapé comme un prince par un nouveau tuteur, prendre un taxi pour rejoindre un majordome, ça fait beaucoup en un seul jour. Paris glisse lentement derrière la vitre. D'un taxi, on ne voit plus les détails de la vie et des rues.

– Aimerais-tu aller à la campagne avec moi ?

– Pas trop. J'ai horreur de l'odeur du fumier.

– Eh bien nous irons quand même le week-end prochain. J'ai une maison à Gisors.

Le col de la chemise me gratte le cou. Daniel Cordier va dîner avec moi, et samedi il me déposera à la campagne… en blazer bleu marine ? On ne va pas vivre avec les vaches en blazer, non ? Si j'osais, au rond-point des Champs-Élysées, je lui demanderais d'aller faire un tour en calèche. Mais Daniel Cordier n'est pas du genre touriste. Au bout de l'avenue Matignon, en entrant dans la rue Jean-Mermoz, je reconnais le restaurant de notre premier rendez-vous.

La note du taxi est salée.

Je coûte un max.

La double porte est laquée, on se voit dedans. Mes pompes neuves écrasent le tapis d'escalier, épais comme du gazon. On n'entend pas vivre les gens, ou alors ils ne font aucun bruit, sauf du piano. Le battant ne s'ouvre pas vite, ici je devine qu'il n'y aura jamais aucune raison de se presser. Ming est un Chinois avec les deux dents de devant en acier. Aussi calme que l'appartement bleu roi qui prend tout l'étage.

— As-tu soif? me demande Daniel, exténué. Mets-toi à l'aise, tu es chez toi.

Je respire à peine, pour ne pas déranger le luxe, la propreté. Même mon cœur tape en sourdine, juste un battement de sang dans mes tempes. Chez nous, c'est beau, grand, clair, avec des rangées de livres, des rayonnages de disques et des objets d'art.

— Prenons d'abord une photo de nous deux pour marquer ton arrivée.

Son truc, c'est d'aller toujours à l'essentiel.

– Mettez-vous là, devant les masques, fait Ming.

Le Chinois semble ravi d'appuyer sur l'appareil. Les masques africains me zyeutent comme un possédé. Comment peut-on avoir chez soi des grimaces pareilles ?

– Tu crois que la photo sera belle, Daniel, avec tes têtes de nègres en bois ?

Il est pris d'un fou rire, Ming s'y met, moi aussi. À tous les coups, la photo est ratée et c'est tant mieux.

– Écoute, mon fils, ces têtes de nègres, comme tu dis, ce sont des œuvres prodigieuses. Regarde-les mieux et tu verras, ça viendra. C'est de l'art africain, tu entends, mon fils ?

J'entends. Mon fils. Et c'est reparti, le vertige, comme sur les remparts d'Anay-le-Viel ; mon fils, l'espace se casse la gueule et mes jambes partent en coton. Mon fils. Je ne voudrais pas lui salir sa moquette, je ne voudrais plus faire de gaffes, je crois… Je vais le décevoir, ça ne va pas, tout ce chagrin, fils, je m'accroche à la commode.

– René, tu es fatigué, nous nous verrons demain. Monte chez toi, Ming va t'accompagner.

Il est comme moi. Il se détourne pour ne pas me blesser, c'est la loi, faut pas se lâcher, pas s'abandonner. Faut se tenir. Tenir debout. Droit. Tenir tête. Tenir. Mais je l'ai vu serrer les lèvres en se détournant vers ses objets d'art en bois.

Une tête de nègre, ça ne pleure pas.

En bas, dans la cour de l'immeuble, deux enfants jouent à pigeon-vole. Je change de peau. J'ai des bouffées de bonheur. Au cinquième étage, la chambre de bonne, 3 mètres sur 3, c'est chez moi. L'appartement du premier, c'est chez nous. Sa chambre et son bureau, c'est chez lui. Chez moi, les murs sont blancs, fraîchement repeints. Tout est rangé. Un tourne-disque Teppaz est posé sur un guéridon –, un tourne-disque Teppaz! –, et on a placé des livres sur ma table de nuit. Ming tient absolument à me masser la nuque.

– Détendez-vous. La douche est toute petite, mais vous avez l'eau chaude.

Et vlan, Ming me claque les cervicales.

– J'habite la chambre à côté avec ma femme, elle fait les courses si vous avez besoin de quelque chose… Nous sommes des Vietnamiens. Nous souffrons beaucoup, en ce moment il y a la guerre dans notre pays. Prendrez-vous du thé ou du café le matin?

La tête alourdie par le massage, je lui dis de faire comme il veut.

– Non, comme vous préférez, vous, thé ou café?

– Surtout pas de thé.

Sa petite moue, je n'ai aucune idée de ce qu'elle veut dire. Le thé, je me doute bien que c'est bon, mais j'aime pas ça. Je peux changer de peau, mais pas d'estomac. Faut pas pousser.

— Si vous préférez prendre le petit déjeuner au bistrot, il y en a quatre dans la rue Jean-Mermoz. Vous avez le choix. Monsieur Cordier m'a donné un peu d'argent pour vous, je le mets là. Soyez exact à l'heure du repas. Monsieur aime toujours discuter un peu avant le déjeuner, mais il n'apprécie pas les gens en retard. Voilà, reposez-vous l'esprit maintenant.

Ma chambre est un écrin, l'accent de Ming un calmant. J'ai failli lui demander comment dire merci en chinois, mais j'ai mieux fait de me taire.

Ma chambre est un écrin.

Il est riche, vif, exigeant, cultivé.

J'ai mon certificat d'études.

C'est un grand maniaque.

Je suis soigneux aussi, quand j'ai quelque chose à moi.

Il y a lui, Ming et moi. Pas de femme. Pas d'enfant. Pas de chien. Rien. Sauf moi.

Il est seul maître de sa vie.

J'espère que moi aussi désormais.

On ne dirait pas un paysan, on ne dirait pas un bourgeois, un ministre, on ne dirait pas un peintre, un curé, un directeur. Il est marchand d'art, mais, si on lui dit qu'il est marchand d'art, il n'apprécie pas du tout.

Il est petit.

Je ne suis pas grand.

Il a un cheveu sur la langue.

Il est malin.

Moi aussi.

Il est prudent.

J'apprendrai.

Ses yeux bougent sans arrêt, ses yeux voient tout.

J'aime ses mains, pas longues, pas nerveuses, ses mains, c'est tout lui.

Ce n'est pas mon ami. C'est mon père.

Je suis le fils de Daniel Cordier.

À Gisors, la propriété s'étend sur plusieurs hectares de taillis. Dans la maison claire, les œuvres accrochées aux murs ne m'inspirent rien. Daniel noue un cachemire jaune à sa taille et part marcher en godillots, un bâton à la main.

– Tu ne veux vraiment pas venir avec moi ?

– Non, Daniel, je n'ai pas le goût pour la promenade.

– Que vas-tu faire ?

– Je ne sais pas, je vais écouter tes disques.

– Mes disques… Bien, bien…

J'ai mangé toute la tarte que Victorine avait laissée sur la table du salon. Elle cuisine vachement bien. Je griffonne avec le Mont-Blanc que Daniel m'a offert, en écoutant des negro-spirituals en stéréo. Je me cherche une signature. Si je signais seulement RV? Mes initiales. Ce bureau de style anglais, j'en reviens pas, Daniel m'a dit : « Ce sera le tien. » Après la marche, il savoure son farniente sur le canapé vert. Sa vie est bien huilée.

– Range les disques dans leur pochette respective. On va se changer, nous avons des invités à dîner.

– Combien?

– Nous serons cinq. Avec toi ça fera six.

J'aurais préféré que l'on soit deux. Je crains de rencontrer ses amis.

– C'est pas un peu trop tôt?

– Rien n'est jamais trop tôt.

D'un geste du bras, Daniel Cordier offre une surprise à ses invités.

– Je vous présente René, mon fils.

Le couple d'Américains ne manifeste aucun enthousiasme, ma main reste tendue dans le vide. Les autres sont plus accessibles, Jean-Pierre m'embrasse, Frédéric Ditis a le salut franc. À table, je fais ce que je peux, sans savoir ni de qui, ni de quoi on parle. Souvent, ils évoquent Jean, encore Jean, respectueusement, sans jamais ajouter un nom de famille ? J'ai du mal à suivre. Les critiques d'art new-yorkais parlent du bout des lèvres.

– Très cher Daniel, on pourrait presque entendre l'expression de ce travail…

Leur ton me rappelle les courbettes d'Auffort. Daniel ne parle pas beaucoup.

– Cher Daniel, le matériau déchu que cet artiste a jeté sur la toile, c'est sa souffrance.

Je me cure les dents. Daniel remarque que je m'ennuie. Les Américains, eux, ne me voient pas. Je suis transparent.

– Dubuffet est un génie depuis *L'Homme en pardessus*. Et *La Banque des Équivoques* est un pur chef-d'œuvre.

Daniel a un sourire pour moi.

– Dubuffet est un génie certes… Il est autonome, libre et suspect.

Je ris dans ma serviette. Les Américains ne comprennent pas notre français. Au dessert, la conversation revient sur Jean. Le ton change. Les mots sont graves. Ce Jean doit être un homme du passé. Non, sûrement pas, c'est un homme du futur puisque Daniel dit :

– Jean ira au Panthéon.

Jean-Pierre Desfosse demande deux bières à Victorine pour défendre le cinéma d'art et d'essai. J'ai la permission de mon père d'aller mettre le disque de Mahalia Jackson qu'il aime tant. Frédéric Ditis me remercie d'égayer la soirée. Mais l'Américaine bâille, tout le monde se quitte courtoisement. Daniel et moi restons sur le canapé vert. Victorine a refait du café.

— En veux-tu?

— Non merci. Daniel, tu pourrais me dire qui est ce Jean dont vous avez tellement parlé?

— Jean Moulin était sous-préfet. C'est un martyr de la Résistance. Il fut dénoncé par un de ses amis, peut-être. Et torturé à mort par les Allemands. L'année prochaine, nous allons transférer ses cendres au Panthéon. J'étais son secrétaire particulier.

— Je n'aurais pas dû...

— Pas dû quoi?

— Je n'aurais pas dû placarder les murs du Panthéon. J'ai commis un sacrilège.

Sa voix monte d'un cran.

— N'emploie pas des termes démesurés et parlons plutôt de ton avenir. Dis bonsoir à Victorine, elle s'en va.

Pour la première fois, Cordier m'engueule.

— Crois-tu que si j'étais un homme sans relations, Auffort t'aurait laissé courir en liberté avec le dossier accablant que tu as? Tu m'as touché quand tu m'as parlé de ton amour de la chanson, au restaurant...

Sa paume frappe la table basse.

— Si je ne t'avais pas trouvé un job, jamais Auffort n'aurait accepté que je prenne sa place. J'ai quelque chose de bien pour toi, tu vas vendre des disques chez Synfonia, sur les Champs-Élysées.

— Vendeur, ça me va.

Le feu s'éteint en s'écroulant. Nous restons sans rien dire. Et il me propose de sortir, un moment. J'aime la nuit. Plus tard, je voudrais embrasser un métier où l'on ne se coucherait pas trop tôt, pas toujours à la même heure, pour pouvoir vivre sans dormir. Nous nous sommes assis sous une ampoule, derrière la maison. Les taillis forment de petits gardes noirs aux quatre coins du parc et l'air pique la peau. Il va se passer quelque chose, je ne sais pas quoi. Je ne veux rien dire et Daniel non plus, sans doute. J'accroche mes yeux à la pointe des arbres, très hauts, comme des pinceaux pleins d'encre que le vent agite de droite à gauche. Au bout de quelques minutes, il fait moins noir. La chouette passe, ailes grandes ouvertes.

— C'est une birrete, je dis

— Une quoi ?

Je ne réponds pas parce que je suis ému, et je ne sais pas être ému avec quelqu'un, mais j'aimerais apprendre. Dans ma vie future, je voudrais être ému avec énormément de gens ensemble.

— Tu te sens bien, tu te sens chez toi ?

– Voui, oui, vraiment, Daniel.

Alors je lui dis une chose que je ne lui ai pas dite au restaurant. Peut-être parce que j'ai oublié, ou parce que je ne voulais pas. Parce que c'est sale, au fond ce n'est pas vraiment ma vie, juste quelque chose qui m'est arrivé. Je lui dis qu'on m'a frappé, avant que je le rencontre, on m'a frappé dans un commissariat, ils étaient quatre, et, à la fin, on ne sent absolument plus rien, parce qu'on s'évanouit. D'habitude, je le fatigue dès que je veux lui raconter ma vie. Il préfère me répondre : «Oublie ça, tu as souffert, mais on n'en parle plus.» Plus précisément, il me dit : «Tu n'as pas à vivre avec ça.» Je comprends ce qu'il veut dire, même si ça ne change rien, on ne peut pas tout oublier dans un sac noué au fond de soi. Essayons de faire ce qu'il me dit.

Il est tard, mais nous ne sommes pas fatigués, Daniel ne me demande pas d'aller dormir.

Sa voix déraille.

– C'étaient des policiers?

Il a l'air furieux, je ne l'ai jamais vu furieux ou malheureux. Il fait noir, peut-être qu'on doit parler. Il a quelque chose à dire maintenant. Je n'aime plus la campagne, cette odeur d'herbe, le chuintement des buissons, ça me brise. Je ne peux pas vivre et me souvenir, avoir plusieurs peaux à la fois. Celles du passé sont mortes.

Daniel m'explique le Lutétia, la Gestapo, Lyon. La guerre, les hommes dont il a fait partie. Daniel m'apprend ce que cela veut dire, la Résistance. En même temps, du dos de la main, il brosse son pantalon.

– Des gens sont morts sous les coups. Les meilleurs d'entre nous. Nous ne pouvions rien faire pour eux. Jean est mort comme ça, je t'en parlerai encore. J'étais si jeune.

Quand il dit Jean, c'est avec de la tendresse.

– Mais ils ne sont pas morts pour rien… Tu ne ressembles à personne, René, tu es singulier. Tu vas devenir un garçon bien. Ne plie jamais devant qui que ce soit.

Moi, je sens ça. Daniel se lève. Je voudrais l'embrasser, parce que je le voudrais, parce qu'un fils peut embrasser son père. Mais je ne l'embrasserai pas. Et lui non plus. On ne s'embrasse pas et on va se coucher.

C'est quand même mon père.

Les gens aiment Mozart. Et puis le *Boléro* de Ravel, mais d'abord Mozart. Nous sommes en septembre, on se croirait en juillet. Les Parisiens traversent les Champs-Élysées, leur veste sur l'épaule. Moi, je vis à mi-temps, en sous-sol, chez Synfonia. La lumière est électrique, mais j'ai la musique. Classique. Au-dessus, on vend les livres. Synfonia, c'est l'exigence de l'excellence, et le patron, c'est monsieur Lion. Daniel est venu me présenter. Il a dit trois mots et j'ai eu la place. Je suis un pistonné. Service du matin dès 9 heures. Ou service du soir jusqu'à 22 h 30, pour 90 francs par mois.

Chaque matin, monsieur Lion fait son tour. Il traque le négligé. Lion, c'est Lion. Il est toujours en chemisette, sur son avant-bras nu, on voit les numéros mauves des camps de concentration. C'est un grand nerveux, hanté par le tourment. Il a perdu toute sa famille là-bas, mais il n'en parle pas, jamais.

La directrice, Gisèle, une vieille demoiselle, me suit des yeux à travers ses verres en pantoufle. Madame Parcy tient la caisse. Christian et Touré Lamine, deux grands Noirs, sont au rayon jazz. Touré fournit tous les night-clubs de Paris, il paraît qu'il connaît Gréco et Miles Davis.

Moi, c'est Mozart, Beethoven, encore eux ça va... Mais la clientèle chic, internationale, elle veut la perle, l'enregistrement ultime, les raretés... La musique de chambre, c'est l'inconnu pour moi, j'en suis blême, je ne m'y retrouve pas. Les clients me regardent de très haut, plus ils sont excédés plus ils sont aimables, c'est ça, être chic, ça me glace. Je m'accroche. Je ne connais peut-être pas Chostakovitch, mais personne ne pourra dire que je suis un garçon négligent. Après avoir fait écouter un disque dans la cabine stéréo, je l'époussette avec un chiffon doux. Une fois vendu, je lui colle soigneusement le label Synfonia. Et si on me demande un opus numéro machin, je file voir mademoiselle Gisèle. Elle me dit tout. Bref, faut pas que je déconne avec ma cravate à la Fauchat. À peine dehors, je l'arrache à deux mains.

Ce matin, 14 octobre 1963, il fait trop beau. Sur le boulevard des Champs-Élysées, au loin, le vent gonfle doucement une grosse voile noire. Des tentures funèbres barrent la façade de Synfonia. Piaf est morte. Le magasin n'ouvrira pas. On entend la même rumeur, partout. Piaf est morte. L'Église de France lui a fermé ses portes, ce n'est pas Dieu qui l'a voulu ni le peuple. J'ai trouvé cela si injuste que je me suis mis à courir jusqu'au boulevard Lannes pour lui dire adieu. Devant chez elle, la foule était si dense que je n'ai pas pu entrer. J'ai supplié Daniel de me laisser passer la nuit près du Père-Lachaise pour suivre le cortège parmi les premiers, demain. J'ai trouvé refuge dans une épicerie restée ouverte.

Dès l'aube, les gens sont partout, il fait encore beau, un ciel cobalt. Les trottoirs fourmillent de part et d'autre de l'avenue vide et brillante, puis arrivent le défilé de voitures noires et les chars croulant sous les fleurs. Sur le cercueil, on a posé un béret de marin. Sans un mot, les gens lui lancent un dernier baiser. Dans le cimetière, je laisse aller ma peine en jetant l'eau bénite. Des heures, je suis resté sur un mausolée, avec la foule. Je suis des leurs. Les enfants, les vieillards, les vedettes et les filles de Pigalle pleurent une frangine. Une cohue de chagrin. Piaf est morte. À la criée, des marchands vendent *France-Dimanche* en piétinant les tombes. Plus loin, on enterre un anonyme devant deux-trois personnes.

Paris pleure sous un ciel bleu.

Par l'enterrement de Piaf, je suis entré dans la grande famille du music-hall. Les artistes, les poètes, s'ils meurent, il ne faut pas les louper. Je voudrais les aimer, les embrasser parce que, moi, je ne peux pas embrasser ma mère. Il ne faut pas laisser partir seuls les gens qu'on aime. Le cortège est passé, avec le pompon rouge, et Synfonia a rouvert ses portes. Musique classique, grande musique, mais, un jour, je passerai au rayon variétés. Je veux aimer les artistes vivants. Aimer. Comment faire pour aimer?

De temps en temps, Daniel passe en client, il discute avec Lion au fond du magasin. Tout ce que je sais des compagnons de la Libération, c'est qu'ils se font une confiance aveugle, et que la clandestinité rend maniaque. Lion aussi est un obsédé du rangement. Son œil voit tout, et ses doigts claquent les ordres. J'aime ce vieux radin, avec son tic atroce qui lui secoue l'épaule. Quand un disque n'est pas dans sa pochette, c'est plus qu'un scandale, c'est un crime.

Brahms. Schubert. Mozart. Pour *La Flûte enchantée*, je pourrais retourner tout Synfonia. Daniel m'initie en m'emmenant au concert à Pleyel.

J'écoute du mieux que je peux, mais dans le domaine classique l'exigence de certains clients est sans borne. Il y a ceux qui te font sortir douze disques en cabine pour repartir avec… que dalle. Lion n'aime pas. Il y a aussi les âââmateurs, l'expert en haute-contre, le dingo du clavecin, ceux-là aussi, faut se les faire. Dès que j'ai un moment, je me faufile vers le rayon variétés, jusqu'à ce que tonne la voix de Lion : «Qu'est-ce que vous faites là?» Son épaule tressaute à fond.

— Vous êtes là-bas !

— J'avais pas de client.

— Eh bien rangez les disques baroques. Monteverdi. Pergolèse. Haendel.

Cela ne suffit pas de savoir ce qu'on veut dans la vie, encore faut-il qu'on vous laisse votre chance. Je flatte mademoiselle Gisèle pour sa permanente, je supplie Touré Lamine de me raconter ses folles nuits au club Saint-Germain, je salue madame Parcy comme si c'était la reine d'Angleterre, et chaque fois je leur glisse : «Oh, vous savez, moi, je serais tellement plus utile au rayon variétés.» Je manque de courage pour en parler au grand Lion. Réclamer, c'est s'avilir.

Un petit chanteur commence à se faire remarquer, il n'a pas le succès qu'il mérite, Adamo. Moi, je saurais le pousser. Les tocards disent qu'il a une voix de fille. Les tocards sont sans pitié.

Il est dix heures. Pas foule. Les vendeurs chantonnent, et puis, soudain, tout le monde chuchote, tout le monde s'énerve, il se passe quelque chose, une femme, là-bas, au pied des marches. C'est pas Yvonne de Gaulle quand même. Derrière sa caisse, madame Parcy a l'air d'avoir avalé son pébroc.

Gisèle va en devenir folle, elle ne peut pas lâcher ses représentants. J'entends le nom de la diva : Callas. Elle glisse jusqu'à moi, lunettes fumées, fichu imprimé de chevaux en soie.

– Mais il sera très bien, ce jeune homme, je veux les *Polonaises* par Czifra.

Les yeux de Lion me traversent la tête. Deuxième allée, à gauche, le bac du haut.

– Par ici, madame.

Et hop, en cabine stéréo, la Callas. Pas question de quitter le client dans la cabine, m'a seriné Lion, il pourrait partir en chourant le disque.

Essuyer le disque.

Le poser délicatement sur la platine.

Attendre la musique.

Maria Callas sourit. Elle me trouve charmant.

– J'ai un peu de temps.

Chopin. Chopin. Bizet. Jusqu'à midi. Son regard flotte, et d'un coup elle pique du nez sur un disque comme si elle allait l'avaler – je crois qu'elle ne voit pas très bien, la Callas.

J'essuie le disque avec mon petit chiffon sec. «Impeccable», dit-elle. Maria Callas aime la méthode. Bien poser le saphir sur le premier sillon, sans aucun craquement. Disque cracu, disque foutu.

Dans sa gorge, les mots roucoulent :

– C'est majestueux, c'est limpide.

319

– Oui, oui, comme de l'eau, je fais.

Elle a l'air emporté. Au lieu de repartir avec les *Polonaises* de Czifra, elle achète tout le paquet que je lui colle.

– Vous serez gentil de me les livrer, avenue Montaigne, vendredi.

– À votre service, Madame.

Ce que j'apprends de Daniel, c'est qu'un homme libre trouve naturel que tout le monde le soit. La preuve, il est venu me chercher. Jamais je ne retournerai en orphelinat. Rue Jean-Mermoz – le gris souris de la moquette, la soie anglaise, la cabine stéréo du salon –, je vis dedans comme si j'y étais né. Sur le rond-point des Champs-Élysées, parfois je repère deux orphelins en cavale, je les identifie à leurs épaules rentrées, à leurs yeux vifs et sournois guettant la tuile, la merde. Les conciliabules sous la surface du monde. Alors, je change de trottoir en me hâtant de rentrer. Toujours, ils resteront ce qu'ils sont, à chercher les coups et les caresses sans rien au fond des yeux, je le sais, moi aussi je vais rester comme ça, mais ce sera mon secret et personne n'en saura rien.

Je ne comprends pas comment on peut aimer quelqu'un, vouloir le retrouver tous les soirs, se faire tendre et rassurant sous un abat-jour, manger, dormir, s'aimer.

Certains soirs, avec Daniel, nous échangeons nos disques. Sans lui, je ne saurais pas que le *Requiem* de Mozart existe, sans moi il n'aurait pas connu Salvatore Adamo ni Bessy Smith. Avoir un Chaissac sur le mur, c'est beau, il a raison. Pour les dieux d'Afrique, en corne, en armes, en dents et ficelle, boucliers et gros zobs, il me faut encore un peu de temps. J'aime d'abord ce qui est beau, familier. Ce qui me fait encore un coup au cœur, après trois mois, c'est de pousser la porte cochère du 17, rue Jean-Mermoz. Il faut presque y aller avec l'épaule tant elle est haute et lourde, lentement elle se referme derrière moi, je savoure le clic de la grosse serrure de cuivre et je me dis : « C'est chez moi. » On ne me ramassera plus n'importe où, on ne me posera plus n'importe comment. J'ai trois clés dans ma paume. Je suis à l'abri, là-haut dans la chambre de bonne. À côté de Ming et de sa femme. Je m'habitue au goût du gingembre, cette saveur qui s'adoucit en envahissant le palais. Ming en met même dans les pâtés impériaux. Et je mâche ses pousses de soja en lui adressant de petits sourires faux cul.

Je fais ce que je veux et je ne fais pas ce que je voudrais dans une vie d'ordre et de règles. C'est pénible et c'est bien. Je mange – pardon, je déjeune – avec Daniel, ou seul, ou avec ses invités. Chaque fois il me présente du même mot, avant de passer à autre chose : «Vous connaissez mon fils?» Je ne lève plus les couverts dans mes poings à la verticale de mon assiette, je n'avale plus de grosses bouchées. Ni Daniel ni Ming ne se sont jamais moqués, ils rient, souvent, mais ne se moquent pas. Le doigt manucuré de Daniel se pointe encore parfois sur moi : «Tiens-toi correctement à table.» Il faut rester malin et vigilant. Pour apprendre, il suffit de regarder. Pendant des semaines et des semaines, dès que Daniel détourne les yeux, je le regarde. Je peux même dire que je le détrousse : tout ce que je vois, je l'engrange et je le range soigneusement, à l'intérieur de moi.

Pour moi, aimer, c'est ça.

Tout prendre simplement.

Hier, à déjeuner, André Malraux était encore là. Monsieur le ministre des Affaires culturelles mange mal. Il avale ses rouleaux de printemps comme un sagouin, postillonne et parle dans ses dents. C'est un masque africain, en convulsion perpétuelle. La première fois, j'ai cru que je ne tiendrais pas tout le repas. J'avais beau regarder Daniel, ses yeux ne croisaient jamais les miens. C'est quand même beau, la République, pour qu'un homme pareil soit ministre. Ce ministre a décidé de ravaler la capitale. Henri-

Georges Clouzot est sombre, en colère. Aragon est plus doux, il ne tremble pas, il savoure les mots de ses yeux clairs. Ces hommes entrent en manteau noir, brillant d'un peu de pluie, et, à peine assis, ce ne sont plus des hommes mais des monuments. Ils rendent tout vivant, par la parole, la guerre, les morts, ou les pays qu'ils ont traversés. Je ne suis pas comme eux, je suis avec eux, en bout de table. Je m'ennuie après trois secondes. Et puis la politesse et les affaires reprennent. Je préfère leurs souvenirs, et le moment, juste après qu'ils sont partis dans leur manteau lourd et doublé, quand Daniel se tourne vers moi.

– Alors, étaient-ils ennuyeux ou méprisants, mes amis, aujourd'hui ?

Sur la table du salon, il y a la photo floue qui date de notre premier jour, devant les statues africaines. Daniel est un seigneur, avec un petit cheveu sur la langue.

– Tu vois, mon garçon, la jeunesse est curieuse, elle a tous les droits.

Quand il a beaucoup été question de la guerre et de Jean, Daniel revient sur la question de «l'ignominie». Dans le dictionnaire, je suis allé voir ce que veut dire «ignominie», c'est écrit : «grand déshonneur résultant d'une action basse ou coupable.»

Dans ma chambre, sous les toits en zinc, je parle tout seul comme à La Celette au pied des collines. Un matin de septembre 1963, mon destin a basculé. J'ai ouvert les yeux sur un monde nouveau et j'ai fermé moi-même la porte du monde clos.

Ding dong. Un élégant carillon des beaux quartiers. Une petite dame brune entrouvre la porte. Ma cliente s'est réfugiée chez une amie, avenue Montaigne. Je crois que ça barde avec le Grec, Aristote Onassis. Les journaux sont pleins de ses colères, de ses cris, de cristal brisé.

– C'est pour les disques de chez Synfonia, madame.

– Ah bon…

On me laisse entrer. Du marbre qui brille et des fleurs qui embaument. L'espace silencieux des riches. Et puis un couloir jauni.

– Madame, madame, roule, la domestique.

Dans la cuisine, Maria Callas, sous d'énormes lunettes, mange du saucisson.

– Ah c'est vous, joli jeune homme… Mon Dieu, tenez, mangez du saucisson, c'est français».

Elle me donne dix francs, en riant.

Je ne livrerai plus Maria Callas. Je viens de passer au rayon… JAZZ.

Quelquefois, je sors au bras d'Iris Clerc. Ses amis l'appellent «la Chatoyante». Cette femme brune, haute en couleur, me plaît beaucoup. Le malheur, c'est qu'elle m'embrasse tout le temps, et je ne veux pas qu'on m'embrasse, personne. Lorsqu'elle déjeune à la maison, les aliments prennent un goût de patchouli. Moi aussi, j'ai un vrai coup de foudre pour le bleu Klein. Tellement heureuse, elle me couvre de baisers. Son rouge marque les joues. Klein a la cote. Il ne reste que peu de ses œuvres dans la galerie d'Iris, rue du Faubourg-Saint-Honoré. Elle pratique aussi l'art du petit four spirituel : «Tout est dans l'art, tout se vend.» L'artiste Arman est au sommet de sa gloire, son œuvre s'arrache… Des dentiers noués par des clefs dans un bidet brisé. Les gens ont vraiment de l'argent à foutre en l'air. Au vernissage, on potine. Pour se goinfrer à l'œil, il ne faut pas parler du temps qu'il fait, mais de l'art qu'il faut. On expose des bites et de la merde en boîte. Le prix de l'œuvre monte. Rien ne m'étonne et je n'éprouve pas la même fascination pour le pop art que le Tout-Paris. Moi, je préfère le music-hall. C'est magique, l'immense rideau rouge d'un music-hall. Quand Claude Nougaro termine la première partie du récital de Dalida, je me lève en criant à tue-tête :

— Dalida, je t'aime !

Enfin, je la vois. Qu'on se moque de moi, que m'importe. Aimer, c'est la voir entrer sur scène, apparaître, bras nus, en robe de velours rouge. Ses doigts fins caressent sa gorge.

– Fermez-la, dis-je à ma voisine, ne parlez pas quand elle chante.

Pour Dalida, je redeviens un orphelin.

Mon Dieu que j'aime *Les Enfants du Pirée, Tchao Bambina.* Sa voix brille pendant plus d'une heure, et m'éblouit. Quand elle chante : «Je pars avec la joie au cœur», je crie : «Non! ne pars pas!» Dalida s'en va quand même. Et revient. Pour moi. Nerveuse dans une robe rose, elle noue ses doigts dans un cordon, pour sa dernière création : *La sainte Totoche.* Cette chanson-là, je ne la connais pas. Une femme peut souffrir d'avoir trop d'amour à donner.

À la galerie Saint-Germain-des-Prés, on s'entasse pour admirer les Adonis sous verre. Le champagne grince et les sarcasmes coulent à flots. Iris, tout en Paco Rabanne, adore me présenter ses amis.

– Voici le fils de Daniel Cordier. Lui, c'est Brô, voici Coplet, Vick Vence, un journaliste, Jean-Louis Bory est écrivain...

Je serre des mains. Iris s'exhibe un peu trop à mon avis. Deux pique-assiettes tripotent sa robe de métal. Ils prétendent être des amis de mon père et me cherchent.

— Vous ne ressemblez pas à monsieur Cordier, pas du tout, du tout, me dit l'un, l'air mou.

— C'est louche, cette histoire de fils, s'écrie l'autre, un mal-bronzé.

Les cons, ici, sont les plus méchants.

Je pourrais m'emporter et en frapper un. La Chatoyante tire les deux félons par le col hors de la galerie. Nous ne reparlerons jamais de cet incident.

De New York, Daniel m'a rapporté un Farfiza, un piano électrique miniature d'une très belle sonorité. La nuit, avec deux doigts, je m'exerce pour sortir quelques notes, pas fort, la cloison qui me sépare des Ming n'est pas épaisse.

Aujourd'hui, au Fouquet's, j'ai rencontré monsieur Pierre Mendès France. Après chaque bouchée, il s'essuie les lèvres plus proprement que le ministre des Affaires culturelles. Au fond des yeux, il me reste peut-être quelque chose de mon passé pour cet homme simple et distingué qui me lance des regards appuyés. J'aime cette phrase qu'il murmure en souriant à Daniel :

– Le malheur, c'est que beaucoup d'hommes politiques sont plus ennuyeux que courageux.

Une chape de plomb semble peser sur ses épaules. Pourquoi les hommes admirables ont-ils souvent l'air accablé ?

Ce soir, Jean-Pierre Desfosse, son ami Guy Gilles et moi, tous les trois, nous allons voir *Viridiana* au cinéma. Des marchands de journaux à la criée portent très loin leur voix sur les Champs-Élysées : le président Kennedy a été assassiné. Le nouveau film de Luis Buñuel ne fait que trois entrées.

À force de le croiser dans la rue, de le voir chez Synfonia, je me suis fait de Johnny Honneywood un ami. On ne lui donne pas d'âge. Depuis des lustres, il tient le Club Écossais, la seule boîte jeune de la rue Jean-Mermoz. Au rayon jazz, je commence à végéter sous les ordres de Touré, plus qualifié que moi pour vendre Miles Davis et Dizzy Gillespie. Mais, Johnny, c'est mon client. Il grogne quand je l'appelle Paul VI devant tout le monde. C'est le portrait craché du pape. Et il a fait un miracle. Sur son intervention monsieur Lion m'a cédé l'entière responsabilité… du rayon variétés françaises et étrangères ! Je jubile, il paraît. Être heureux, ça énerve. J'ai des certitudes artistiques et beaucoup de malice pour attribuer son casier personnel à un artiste que j'estime, quand d'autres n'y ont pas droit.
— Johnny, prends ça ! Je te jure qu'Adamo va devenir un grand chanteur…
— J'en veux pas. Il a une voix de fille.
— Mais non ! Tiens, prends le dernier Dalida !

— Elle est démodée !

— Tu me fais mal, Johnny ! Ça, c'est un slow pour ta boîte. «Arrête, arrête ne me touche pas !» «Demain tu te maries !» Des Patricia Carli, j'en vends quinze par jour. Prends ça ! «Je t'en supplie, aie pitié de moi !»

Je lui fourgue du «Twist and shout» à Johnny, du «Shake shake shake Baby», tout ce qui déboule d'Angleterre. Les Troogg's, du Mandfred Man, tout ce qui jerke, il prend, Johnny. C'est bath, c'est in, il me certifie qu'à London les Beatles sont au top devant les Rolling Stones.

— T'inquiète pas, mon Paul VI, laisse tomber la neige, j'ai placé Adamo n° 1 des Français. C'est normal, il est belge.

Moi, j'assume mon hit-parade : à Paris, les Rolling Stones seront n° 1 avec *Satisfaction*.

— À ce soir à la boîte, Très Saint-Père. Je vais déjeuner avec Eddie Barclay qui veut me fourguer tout son stock. Après le 45-tours, il lance le 25-centimètres !

J'en ai marre qu'on me drague sur la plate-forme du bus. Je n'aime pas mon nez. Ça me file des complexes. Mes nuits n'ont besoin de rien ni de personne. La branlette, c'est l'autonomie. Je veux de la liberté pour m'aimer. Et pour être à l'heure, en me faufilant dans les embouteillages, je me suis offert un Solex.

– Va vite voir chanter Brel, m'a crié Johnny, à travers son club où on ne s'entend plus. Cet homme connaît ce qu'il faut de notre vie.

– Quoi, qu'est-ce que tu dis, Johnny?

– Je te disais d'aller écouter Brel!

À l'Olympia, j'ai vu un dieu moitié démon, cracher et se battre à mains nues. «Les bourgeois, c'est comme les cochons, plus ça devient vieux, plus ça devient bête…», «Au suivant…», «Non Jeff, t'es pas tout seul…», «Et je pisse comme je pleure sur les femmes infidèles…»

Au pied du micro, sa transpiration forme une flaque traversée par son ombre. Il vide ses poumons dans l'humanité. Je n'en ai pas dormi de la nuit.

L'inventaire de janvier 1964 est un travail de titan. Au magasin, les disques traînent par terre. Beaucoup d'idoles glorieuses du début de la décennie sont bonnes pour la casse. Comment leur expliquer que le public ne veut plus d'elles ? Jacky Moulière est passé, en costume à paillettes, pour nous supplier de le soutenir. Dans la série des oubliées, deux jeunes chanteuses, Gélou et Claudine Copain, sont venues taper un scandale au magasin parce qu'elles n'avaient plus de casier à leur nom. Je n'ai pu que leur dire :

– Excusez-moi, la rive gauche reprend du poil de la bête et enterre les yéyés.

«Dans le port d'Amsterdam, y'a des marins qui chantent», «Elle va mourir, la Mama». Les 25-centimètres d'auteurs-compositeurs s'arrachent comme des petits pains. Toutes ces chansons tristes me donnent envie de chanter. Chanter, moi aussi, puisque tout le monde chante. Je voudrais être capable de redonner sur une scène tout ce que je reçois de bon en ce moment.

– C'est très touchant, me dit Daniel.

Je ne sais pas s'il ironise ou s'il est sérieux. En débarrassant Iris Clerc de son étole en chinchilla, il lui fait, d'un coup de menton vers moi :

– Devine qui nous fait la grâce de rester dîner avec nous… René, lui-même. Tu sais qu'il fréquente la Callas, maintenant ? Ils ont partagé… un saucisson.

— Saucisson sensationnel.

– Tout le monde n'est pas compagnon de la Libe-
ration.

Iris part dans un gloussement gigantesque. On
s'amuse devant un plateau de fruits de mer, mais
depuis quelques jours, je trouve Daniel laconique. Il
n'a pas l'air de prendre mon envie de chanter au
sérieux. Je m'énerve en charcutant les pattes d'un
crabe.

— Ce n'est pas un crabe, c'est une araignée de mer.
Je t'ai pris cinq heures de cours de chant par
semaine, chez Christiane Néret. C'est juste là-
derrière, dans la rue du Colisée.

J'ai foutu le crabe à la poubelle et je suis monté
quatre à quatre jusqu'à ma chambre de bonne. Ming
me dit que je suis trop gâté. Je ne suis pas gâté, je
suis encouragé. Le job chez Synfonia, c'est Daniel,
le Farfiza de New York, c'est Daniel. Et maintenant
des cours de chant. Chanter, il veut bien. Moi aussi,
je veux. S'il y croit, j'y crois. J'en ai même oublié de le
remercier.

Faut pas qu'on me frôle, qu'on me touche, faut pas, faut pas. Que le paso doble, le tango restent des danses de plouc.

Au Bœuf-sur-le-Toit, il ne reste rien du prestigieux cabaret d'après-guerre, sauf des pupitres entassés au fond de la scène, derrière un rideau cramoisi. Le piano sonne dans la salle vide. Christiane Néret fume clope sur clope et me gueule dessus de sa voix éraillée. C'est un très bon prof de chant, paraît-il. Christiane Néret enrage de me voir le dos courbé.

— Plante tes jambes sur scène, donne tes épaules et sors tes couilles, sinon tu ne chanteras jamais.

Quand j'entends ça, j'ai envie de laisser tomber.

D'une main, elle m'appuie sur le ventre pour libérer ma colonne d'air, l'autre remonte inlassablement la gamme du piano.

— Ah, ah, ah, ah! Man, man, man, man!

C'est insoutenable. Elle veut que je sorte une voix chaude et ronde. Le vertige me reprend, la tête me tourne. Quand mon professeur de chant est content, ça se voit, elle arrête de fumer et tire ses longs cheveux cendrés en arrière.

— Tu vois que tu peux! Laisse monter ta voix sans te crisper. On me paye pas tes cours particuliers 100 balles de l'heure pour te trémousser dans cet ancien bordel comme un chanteur yéyé. Écoute-moi, mon con, tu vas en chier!

Je crois que cette petite femme maigre est un peu dérangée.

Au Bœuf-sur-le-Toit, j'arrive à l'heure fixée la veille, surtout pas à l'avance au cas où une star serait là. La star n'aime pas qu'on la dérange quand elle travaille. Souvent Arletty vient chercher sa copine – avoir aimé un Allemand pendant la guerre, ça crée des liens. Tout le monde dit qu'elle a dit : « Mon cœur est français, mais mon cul est international. » Pourquoi pas. Elle me dévisage.

— Il est bien, ce petit gars-là.

Toutes les deux gouaillent des compliments.

Je suis rassuré.

— Tu vois que tu peux monter, mon con. T'as laissé couler ta voix… Pour aujourd'hui, ça va.

— Relaxe tes miches, René. À demain, mon con d'amour…

Au secours, j'ai peur des vieilles !

— Plus je vous regarde, plus je vois de changement en vous, m'assure Iris Clerc.

Je suis d'accord. Après avoir vu *West Side Story*, en arrivant à la Maison du caviar, le serveur a pris Daniel et Iris pour mes parents.

Qu'est-ce qu'il sait de mes parents, le serveur ?

— Il faut que je rentre retoucher quelques bribes d'une musique que j'ai composée sur mon Farfiza.

Iris voudrait m'emmener à la Biennale de Venise. Mais j'ai pas un rond et elle non plus. C'est encore Daniel qui règle l'addition.

Les murs de ma chambre sont couverts d'affiches d'artistes. Pousser les chanteurs de la rive gauche sur les Champs-Élysées m'excite. Mes copains sont très Sheila-Cloclo. Moi, je bois du Schweppes et me nourris de fruits secs. Daniel se plaint de ne plus me voir assez souvent. Pour monsieur Lion, j'ai accepté un nouveau job : danser la nuit. Je vais d'une disco-thèque à l'autre, en Solex, pour tester les singles que Synfonia reçoit en exclusivité des États-Unis. Si la piste se remplit avec Sam Cooke, James Brown et Otis Redding, leurs disques seront prochainement imprimés «Made in France». On dit partout que cette musique est vachement bath. Les amateurs de la gesticule crient au génie! Les rois de la nuit parisienne m'ouvrent la porte de leur club privé, interdit aux moins de 18 ans

Pigalle sera toujours Pigalle. Madame Martini ne dit pas bonsoir à son personnel. Rue des Martyrs, Michou me demande si j'ai faim. Je suis content de moi. Les nuiteux s'entichent de la soul music que j'ai posée sur la platine, je jerke sur le rhythm'n blues. Je me lève à midi pour aller prendre un cours de chant «la tête dans le cul». C'est l'expression de Christiane Néret. Chez Synfonia, Touré me fait la gueule, je deviens pro. Mais, sur les Champs comme à Saint-Germain-des-Prés, je suis toujours mineur. Albert Minski ferme les yeux en me voyant m'éclater sur la piste. Quand les flics débarquent au King-Club, il me planque dans le vestiaire.

Il fait froid, Régine me refuse sa porte.

– Pas grave, mon p'tit Lou, me lance Paul Paccini dans son Whisky à Gogo. Régine a lancé son club avec mon carnet d'adresses. La vilaine tenancière copie tout. Tu verras, dans un an, elle dira que c'est elle qui a ramené le rhythm'n blues à Paris.

J'adore me faufiler avec mes disques exclusifs sous le bras. Pour vivre, j'ai besoin de tout le monde et je ne dors pas beaucoup. Je veux du son, de la sueur et des potes. Faut souffrir pour être beau. C'est bien, la rue Jean-Mermoz, mais faut pas oublier les gens ordinaires. Le dimanche en matinée, James Arch et James Thibaut me confient une heure les platines du Bus Palladium. À coup sûr *Stand by Me* est lancé. La piste est envahie. Demain, les amateurs de Ben E. King viendront réclamer leur disque chez Synfonia. Monsieur Lion sera content de se faire une nouvelle clientèle. Jean Castel est un ami, nous dansons ensemble le pop-corn et la bostela. Les danses à distance, ça me convient, on ne se touche pas, on ne se frôle pas, on ne s'aime pas. Eddie Barclay va se mettre des ronds plein les poches. Il est cinq heures et demie. Le jour se lève. Johnny Honneywood n'arrive plus à dormir. Nous prenons un dernier chocolat dans la rue Jean-Mermoz.

– Passe demain au magasin, Johnny. J'ai reçu un bon disque de soul music en direct de Brooklyn.

– Ça veut dire quoi « Gladys Night and the Pips » en français ?

– Ça veut dire « Gladys de la nuit et ses chouettes », tu devrais porter le disque chez Régine.

– Non, c'est fini. Faut que j'arrête. Je ne veux plus prendre froid. Je veux devenir chanteur, tu sais J'arrête de danser la nuit.

Chez Synfonia, je pousse Adamo, Trini Lopez. Quand j'aime, je vends. J'en mets dans toutes les mains. Je suis incollable, infatigable, incouchable. Un soir de première à l'Olympia, Gilbert Bécaud fait des bonds avec tant de force que j'y retourne le lendemain. Plus on vient les voir souvent, plus les artistes ont de talent à donner. J'ai vu Juliette Gréco à Bobino, Mouloudji, j'ai vu Maurice Chevalier, Annie Cordy à l'Alhambra. Avant qu'on ne baisse définitivement le rideau de l'ABC, j'ai vu un Philippe Clay grandiose, une Colette Renard exceptionnelle. Irma la Douce ne pourra jamais s'éteindre et Charles Trenet n'a pas l'air d'avoir 60 ans quand il chante *Y a de la joie*. Damia a été sublime pour ses adieux dans un cabaret mourant. Dalida s'est blondi les cheveux. J'ai dû la voir au moins dix fois sans jamais oser aller frapper à la porte de sa loge. Usée, sa photo n'est plus qu'un lambeau dans ma poche.

Pour tous ces grands soirs, combien d'idoles ont dû retourner travailler sur les marchés? Tant pis, ça tourne, ça marche, ça monte, c'est le début, le début des années 60, un drôle de bonheur l'emporte sur tout. Les enfants sages ont leur argent de poche. On vient de loin pour une audition au Golf Drouot. Je suis là, je regarde, j'écoute, je chante et je cours.

— Mais où tu vas? me lance Daniel dans les escaliers. René, on ne se voit plus!

— Mais si, Daniel, tous les midis, moi je rentre déjeuner ici.

J'ai livré deux 33-tours de Gribouille chez Maria Casarès, la grande tragédienne fait des gargarismes dans sa cuisine, tout en faisant sa vaisselle. J'ai reçu deux places pour le TNP en pourboire. Mère Courage se vautre à terre, transpire, sanglote, la profondeur de sa voix cache sa beauté. C'est sérieux, une actrice, même quand elle fait la vaisselle

Terminées, mes nuits blanches, chaque matin je rejoins mes cours de chant. Dans la salle humide, Christiane Néret, toute en châle, m'assure que ma voix est plus fraîche.

– Respire, mon con de René. Et ne tape pas du pied en chantant, on n'est pas à Médrano ! Vis-la, ta chanson triste, et fixe-moi dans les yeux, bon Dieu de merde ! Tu dois être parfait. J'ai convié Jacques Canetti à ton audition. S'il t'engage, Bernard Dimey t'écrira des chansons.

Bernard Dimey ? La tuile. Le monde est vraiment trop petit. Ça me poursuit, mes conneries. Toute ma vie, je devrai avoir peur des lendemains ? Il me connaît, Bernard Dimey, il fréquente l'homme au chapeau melon. Il pourrait bien savoir que j'ai posé à poil dans une chambre sordide. S'il existait encore quelques photos avec ma tête sur mon corps nu ? Et si Dimey vendait la mèche à Canetti ? Et si… Et si… Pour tout dire, je préférerais écrire mes chansons moi-même.

Dans l'allée de Buis, je parle naturellement à Daniel de mon inquiétude. Gisors est magnifique en mai. Et Daniel… est réjoui.

– Nous ne vivons pas au XVIIIe siècle, mon fils, nous sommes en 1964. Tu pourrais utiliser ces photos pour t'inscrire dans le courant des chanteurs underground, il en sort un par jour à New York en ce moment!

– Imagine, Daniel, si je deviens célèbre, tu me vois à poil dans les magazines? Et quelle légende pourrait-on écrire sous les photos de mon cul?

– Je suppose que les jeunes filles d'aujourd'hui trouveraient ça plutôt agréable.

Plus j'insiste, plus il se fiche de moi.

– Tu devrais même leur montrer l'autre face de ton anatomie. Tu deviendrais ainsi le premier chanteur underground français.

– Arrête, Daniel.

Il est déconcertant. Un parfum des champs monte avec la nuit. On ne rentre pas, on traîne dans le sentier. Sur le marais, des lueurs semblables aux Dames Blanches me parlent tout bas. Daniel me montre la Grande Ourse. Chacun son monde.

– Mon fils, ne pense pas à devenir célèbre. Pense plutôt à réussir ton audition chez Canetti. C'est le plus grand producteur de la rive gauche.

Je vis ma jeunesse. Les disques, les magazines se vendent par centaines de milliers. Johnny et Sylvie s'enlacent, et Françoise Hardy boude sur papier glacé. Un encart publicitaire publié dans *Nous les garçons et les filles* et dans *Salut les copains* me laisse espérer : « Si vous vous croyez du talent et pensez avoir un physique intéressant, nous ferons pour vous ce que nous avons fait pour vos idoles. Venez ce jeudi passer une audition au Golf Drouot. »

Jeudi matin, un quotidien sérieux m'inspire confiance en rééditant l'alléchante publicité. Merde, mon Solex est en panne. Je vais aller faire la queue au Golf Drouot, sans prévenir personne. Tant pis pour l'audition avec Canetti et Dimey. Je prends le métro en wagon rouge. Après des heures d'attente, tout mon fric est passé en consommations. Henri Leproux me jette sans me laisser terminer le refrain du *Petit Bal perdu*. Cette larve n'aime que les wouap do wouap.

« Ne lâche pas ma main », disait ma mère quand on prenait le métro.

Le crissement des rames d'acier, l'odeur, me renvoient aux mauvais souvenirs.

Rien que sur la station Richelieu-Drouot, je compte trois publicités mensongères. «Dop Dop Dop, le seul shampoing qui vous rend de beaux cheveux.» Foutaises. Plus je l'utilise, plus mes cheveux sont gras. L'autre slogan prend toute l'affiche. «Partez en week-end à Capri. 1 000 francs, pension comprise.» C'est pas donné, à ce prix-là, je pourrais partir un mois à Venise avec Iris et m'offrir un gondolier.

Opéra. Bébé Cadum est encore là. Tu mens, bébé, ton savon n'est pas plus doux que les autres. Il me dessèche la peau. Et la mienne est si fragile!

Sur le trajet du retour, je cherche des paroles qui sauraient convenir à l'air que j'ai composé sur mon Farfiza : *mi-ré-mi-fa-sol-la-si-do...* Ces notes ne me quittent plus. C'est quand même beau, la vie... Non, la phrase est trop longue! Ça ne colle pas! Que c'est beau, la vie! Qui a déjà écrit ça? C'est Jean Ferrat! On ment sur toute la ligne. Station Madeleine, Concorde, il y en a que pour Bébé Cadum, Capri, Dop Dop Dop... Je n'ai plus qu'à descendre. C'est ici que j'habite. À Franklin-Roosevelt, station chic, on ne fait pas de publicité. Dop Dop Dop, Bébé Cadum et Capri... c'est fini!

Do-ré-mi-fa-sol, c'est fini pour aujourd'hui... J'ai trouvé... Capri, c'est fini... ça sonne parfaitement sur ma musique! Au Golf Drouot, je les emmerde. Peut-être qu'un jour je devrai dire merci à la RATP.

Chez Synfonia, passé 20 heures, les clients sont différents, traînant à la recherche de la perle rare. Il reste madame Parcy et moi. Près de la caisse, le téléphone sonne.

– Allô oui. Bonsoir madame…

Ma voix a blanchi.

– Merci, oh, vous êtes très aimable, madame.

Son accent est plus fort au téléphone. Elle a écouté les disques de variétés que je lui ai conseillés la semaine dernière et me chante la chanson de Barbara.

> *Il pleut sur Nantes*
> *Donne-moi la main*
> *Le ciel de Nantes*
> *Rend mon cœur chagrin* . .

Même la Callas a confiance en moi.

Mes soirées préférées, ce sont les dîners à trois avec Daniel et Iris. Quand elle entre, mille parfums flottent autour de la Chatoyante. Mais tous les parfums d'Arabie ne désarmeraient pas Daniel Cordier. Dès qu'ils parlent d'art et d'argent, ils deviennent deux chats, mais Iris capitule toujours. Je trouve Daniel dur en affaires, il me répond : «Pas dur, exigeant». Quant à Iris, au fond, elle s'en fout. Daniel veut Chaissac, il aura Chaissac. «Pour presque rien», glousse Iris. Une fois l'affaire conclue, Daniel redevient une crème. Crème, rigolade et patchouli. Les gens chic ne m'impressionnent plus, sauf Iris et Daniel; ils ne sont pas distants, sous le vernis, ils ne ressemblent à personne. J'apprécie les solitaires épanouis.

Il fait nuit et il pleut. Pendant un moment, assis sur mon lit, je me suis parle tout seul et ça me met les nerfs. Ce n'est pas une heure pour déranger le maître, mais il le faut. Sinon je vais servir à quoi dans l'existence? Ramasser en fin de semaine deux billets laissés sur la commode, ce n'est pas le bon moyen pour s'émanciper. Je n'ai pas appris à recevoir. Moi aussi je veux donner. Je supplie Ming de faire monter Daniel dans ma chambre. Je sais qu'il n'y est jamais venu, mais Ming, ce soir, il le faut. Va le chercher s'il te plaît.

Daniel entre, essoufflé par les quatre-vingt-huit marches qui nous séparent.

– Écoute, j'ai écrit ça en dix minutes.

J'ai la trouille. Le petit Farfiza ne tiendra pas le choc. C'est très important et pas si important que ça.

– Écoute ma première chanson... Enfin, j'en ai commencé beaucoup d'autres, mais celle-là est terminée. Ça s'appelle *Capri c'est fini*. T'es prêt?

> *Nous n'irons plus jamais*
> *Où tu m'as dit je t'aime...*

Pardon, je recommence :

> *Nous n'irons plus jamais...*

J'y arrive pas, attends...

> *Nous n'irons plus jamais...*
> *Capri c'est fini*
> *Et dire que c'était la ville*
> *de mon premier amour...*

Ça c'est le refrain :

> *Capri c'est fini, je ne crois pas*
> *que j'y retournerai un jour...*

350

Sous ma voix, j'entends battre la pluie. Je chante aussi fort qu'au Bœuf-sur-le-Toit, même si ma chambre est dix fois plus petite. À deux doigts, je fracasse mon Farfiza, les yeux au plafond dont je connais chaque craquelure, et le gros nuage de suie. Puis plus rien que les gouttes sur le zinc. La lampe est posée par terre, la fenêtre entrouverte. Merde, un bout du tapis est trempé. C'est facile de rester silencieux quand il pleut des cordes. À demi tourné, je ne vois pas le visage de Daniel.

– Je sais, Capri, c'est pas une ville, c'est une île, face à Naples. Je n'y suis jamais allé, mais les gens comprendront. Jeudi, c'est mon jour de congé, tu viendras à l'audition?

Daniel promène les yeux sur mon désordre. Il se retourne, serein.

– Bien sûr, je viendrai.

Ils sont tous là, le jour de l'audition. Christiane Néret se ronge les ongles et les sangs. Debout, col ouvert, en blazer croisé, je défie mon jury. Quatre jurés... Louis Hazan, grand sec aux lunettes austères, est le boss de chez Phillips. Le petit jeunot, son directeur artistique, s'appelle Roland Hilda, c'est le fils de Bernard, de «La piste aux étoiles», il a mon âge, ça me rassure. Ils se sont assis, sans même saluer. Daniel se tient à l'écart – lui qui est toujours au centre de tout –, appuyé contre un mur, mains dans les poches. Je ne crains rien. Sur la scène, j'ai quelques secondes de vertige, puis plus rien. Je suis seul, mais il y a quelqu'un. Cette personne, je ne peux pas la rejoindre, mais elle est là. Au milieu d'un pré, devant moi, c'est le ciel, il faut que je trouve un point où m'accrocher. Il y a deux, trois ou quatre gros soleils. Et dans un des soleils, il y a ma mère. Je n'ai vécu aucune histoire d'amour, je n'en vivrai peut-être jamais. Ce que je ne veux pas dire, ce que je ne veux pas vivre, je vais le chanter. Marcel, le guitariste, trop sûr de lui, attaque l'intro du *Petit Bal perdu*. Je monte sur scène par la droite. Toujours à droite. Pense plus.

Non, je ne me souviens plus
Du nom du petit bal perdu,
Ce dont je me souviens,
C'est de ces amoureux
Qui ne regardaient rien autour d'eux.

Silence. Je pourrais disparaître, mais non, j'existe. Si j'ai mal chanté, je m'en fous. Christiane Néret ne peut pas croiser mon regard.

Capri c'est fini,
Et dire que c'était la ville
De mon premier amour…

352

Je chante en fixant les candélabres, ces grands bras blancs de la Bête que Cocteau a laissée dans la salle de bal du Bœuf-sur-le-Toit. Louis Hazan et Roland Hilda se lèvent, en applaudissant, mais deux applaudissements dans une salle vide, c'est froid. Hazan, sec, se tourne vers Daniel, placide, dans son coin. J'entends Christiane tousser : « Il est tendre et touchant. » Non, je ne suis pas tendre. Les secondes redeviennent normales. Louis Hazan vient droit sur moi.

– Demain, on signe le contrat, enfin, dès que possible, au plus vite.

Il ouvre son calepin.

– Comment vous appelez-vous ?

– Villard.

– Comme Jean Vilar... Il faudra changer de nom. Vous savez, le talent ne se confond pas.

– Moi c'est Villard, deux *l* et un *d*.

Mon jury et mon tuteur ont des choses à se dire, ils partent déjeuner. Du fond de la salle, Daniel se retourne et lève sa main vers moi, très haut. Il sait, lui, qu'à partir de maintenant je ne peux plus être abandonné.

Sur les trottoirs, je marche comme un automate. Au bas de la rue du Colisée, le portier de cette boîte échangiste que je croise tous les jours me lance :

– Tu veux ma photo ?

— Non merci, je t'offrirai bientôt la mienne avec une dédicace.

Rue Jean-Mermoz, Ming rage en vietnamien, monsieur Cordier n'est pas venu déjeuner, sans prévenir, cela n'arrive jamais. Daniel, il sait tout, mais aujourd'hui, après l'audition, il ne pouvait prévoir qu'il ne rentrerait pas.

Il choisit le 18 juin 1964 pour signer mon contrat.

— Cette date compte beaucoup pour moi, René.

C'était dans son autre vie, avec Jean. En affaires, il maintient l'exigence. Il appelle des amis, des amis d'amis, compagnons de compagnons, jusqu'à pénétrer tranquillement au cœur du music-hall.

— Dis donc, ma vedette, tu es là pour déjeuner demain, à douze heures trente. Après, on ira signer chez Mercury. C'est une boîte internationale.

Il me fait son œil malin et répète en détachant bien chaque syllabe «in-ter-na-tio-nale».

— Faudrait peut-être te mettre à l'anglais, petit yéyé.

— Je ne suis pas un yéyé.

Pour l'énerver, je tapote mon assiette du bout de ma fourchette. Mais je ne parviens pas à l'énerver, il a la tête ailleurs. Je continue, plus fort.

— Qu'est-ce que tu veux?

— Tu es fier de moi?

— Oui.

– Alors pourquoi tu ne me le dis pas ?

– Parce que tu le sais.

Mercury. Au pied de l'immeuble, la plaque est briquée tous les jours.

– René. Villard. Voyons, voyons. R.V… Nous allons prendre vos initiales et en faire un prénom, Hervé, c'est bien, non ?

– Hervé. Ça me va, on enlèvera un *l* à mon nom, comme ça il sera plus grand sur l'affiche.

J'ai bossé des heures pour faire une signature et, au moment de m'en servir, je vais changer de nom.

Dans la rue, Daniel soupire.

– Chanteur… Notre ami Auffort va en tomber de son fauteuil d'aluminium…

Rue Jean-Mermoz, Ming n'est jamais en reste pour sabler le champagne. Mine de rien, l'heure est solennelle. Daniel est calme, toujours calme, mais il a une façon de me regarder, l'air stupéfait, sans trouver rien à dire, qui me plaît et qui me déplaît. Y a comme un soupçon de panique au fond de ses yeux. Chanteur.

– T'avais qu'à pas m'offrir un Farfiza et me coller au milieu des disques ! Maintenant j'y vais, je fonce.

Et maintenant que vais-je faire…
De tous ces gens…

Vive Bécaud.

Daniel veut marquer le coup.

– Où tu voudrais aller?

– Je ne sais pas, en Italie, voir Capri, tu viens avec moi?

– Non, je ne peux pas, Jean entre au Panthéon. Mais j'ai un ami à Florence! Qui n'a pas vu Florence...

Va pour Florence.

Le vol n'est pas complet. Est-ce moi, vraiment, qui pars en avion pour Rome? Entre les places vides, beaucoup de riches, le monde feutré des certitudes. J'ai moins peur en avion qu'en taxi. J'aime le décollage, monter et trouer les nuages, après c'est la lumière pure.

Il faut attraper le train pour Florence et aller retrouver un étranger. Qui déjà? – je n'arrive pas à m'en souvenir. Son nom est inscrit sur une feuille agrafée à mon passeport. Bacon. Francis Bacon. Daniel m'a dit de dire «bécone» comme le jambon. Un homme rouge, gras, tremblant, avec deux petits yeux pleins d'eau. Sur le coup, il me fout les jetons, mais, dès qu'il prend mon sac en titubant dans ses sandales, la clope au bec, avec son regard de chien, je l'aime, Bacon. En Toscane, les cyprès penchent sous le vent comme les peupliers du Berry. Nous visitons des musées, des cimetières, je bouffe des glaces. Les tombes sont des délires baroques, mourir aussi, c'est un spectacle. De la chambre de mon hôtel étoilé, je pourrais toucher la cloche d'argent. Et quand le soir descend, je regarde la lumière en mordant un brin de paille.

À Nice, j'ai rejoint Daniel. Il me supplie de ne pas appeler sa mère «grand-mère». «Tu penses, elle se sentirait prendre vingt ans d'un coup.» Et il me présente comme son fils. Son père est grand, sobre, un commerçant à la retraite qui ne parle pas beaucoup. Ce sont des bourgeois gentils, que rien ne peut étonner. Leur fils unique est devenu quelqu'un. Tout ce que fait Daniel est bien, tout ce que dit Daniel est bon. Quand madame Cordier dit «mon fils», il y a de l'extase dans sa voix. La force que ça donne, un père et une mère qui vous aiment.

Voilà mon fils. Très bien, ils sont enchantés. Si Daniel m'aime, ils m'aiment.

Et puis nous partons tous les deux sur la Côte, Daniel a loué une villa pour l'été, deux mois à Gassin. Lui doit se reposer, moi je vais me reposer de quoi? On dort, on se lève, on parle, on vit dans les pins. Avant, je faisais semblant de parler dans un combiné, aujourd'hui je joue les standardistes. Daniel fuit les peintres «ringards» — c'est une expression que je découvre. Le «ringard» choisit en général l'heure de la sieste pour essayer de placer ses «croûtes». C'est le cauchemar du galeriste. Daniel me fait des signes de refus avant de replonger dans ses papiers. Il écrit son livre, depuis dix ans il travaille sur une histoire de l'art. Le chant des cigales ne le gêne pas. Rien ne gêne jamais Daniel. Moi, je vais à Saint-Tropez. Mon père m'a dit : «Faut que tu fréquentes des jeunes... Vas-y, y en a plein les plages.» Près de la douche, derrière les canisses, j'ai rencontré Dany, une petite Niçoise brune aux yeux aussi bleus que la Méditerranée. On s'aime – un peu – et on baise beaucoup. Elle jure qu'elle va monter à Paris me retrouver.

Ce matin, Iris Clerc m'a fait parvenir un petit olivier de sa Grèce natale pour fêter la signature de mon contrat.

Tout va bien.

Juste, chanter, ça me manque. J'ai traduit en français deux chansons que m'a confiées Roland Hilda, elles viennent d'Italie. *Da molto lentano*, j'en fais *Une voix qui t'appelle*. En plein été, je parle des brumes. C'est mon style, ça.

Mes premières vacances s'achèvent, je connaissais la mer, mais je ne savais pas ce que c'était que d'être heureux devant.

Comme j'ai écumé les boums du voisinage, Daniel m'a dit : «Alors il faut que tu fasses la tienne pour remercier tous tes amis de t'avoir invité.» Évidemment, Daniel. Être bien élevé, c'est avoir du sens logique. Ce soir, il est parti, avec son cachemire noué sur les épaules, je ne sais même pas où, il m'a laissé la villa. On chante, on danse, on baise et je fume mon premier stick. Tout ce qui chante, tout ce qui danse, Peggy Roche dans une robe en peaux de bananes, les copains de Sagan, les fins amis de Bardot, des tombeurs qui viennent de Zurich, de Milan, d'Autriche, tout ce qui roule en MG, tout ce qui a les moyens, déboule sur le chemin de terre. Moi, je bondis de joie en passant du rhythm'n blues, grâce à ma discothèque personnelle que Daniel a fait descendre à Gassin, j'ignore comment. Les gens aiment bien mes disques ; s'ils savaient d'où je viens, les aimeraient-ils autant ? C'est très in, très bath, une boum, quoi. Là-bas, sur l'autre colline, en face, la garrigue brûle. C'est Pompéi. Les cigales se sont tues, j'ai baissé la musique, on n'entend plus que la sirène des pompiers dans la nuit.

En septembre, j'ai repris mon job chez Synfonia. Pour la première fois, M. Lion m'a montré son bras. Le matricule des camps de concentration, ça ne part pas au bronzage.

Au Bœuf-sur-le-Toit, Christiane Néret, tenace, m'appelle encore « mon con », mais reconnaît que ma voix se place mieux. J'y croise « la star ». Chaque vendredi, elle prend l'heure avant moi. D'habitude, quand elle est là, à répéter sous le petit projecteur, personne n'a le droit d'entrer, mais, moi, elle me laisse me faufiler. Je n'ai jamais vu B.B. quitter ses lunettes noires. Elle est tellement simple que je reste muet. Même quand je ne dis pas un mot, Christiane Néret me fait des « chuttt ». B.B. ne chante pourtant pas l'*Ave Maria*, elle chante : « Tu n'es qu'un appareil à sou-pirs. » Saint-Tropez, coquillages et crustacés. Sa bouche, sa peau, ses gestes, ce sont des riens, mais impossible de ne pas loucher sur sa robe, son sac, tout, on épie jusqu'à la manière dont elle noue son foulard par-dessus ses lunettes noires. Et elle s'en va, à petites foulées, comme si on la chassait. C'est une gazelle. Être star avec la vie devant soi, ça ne doit pas être pratique.

Pas de nouvelles de ma fiancée Dany, les canisses me semblent loin. Cavalier d'Iris pour ma première sortie parisienne, je vais voir avec elle le plafond du Palais Garnier repeint par Chagall. Sortir m'intéresse, j'aime observer. Mais, à peine arrivé, je voudrais repartir. Je me rends à des cocktails, à des premières et à des vernissages. Je balbutie des banalités. À l'Opéra, les amateurs sont partagés, certains s'émerveillent avec Iris – à demi vêtue de franges en taffetas pour magnifier ses cuisses bronzées. D'autres s'offusquent du rouge, des jaunes, des bleus sur les dorures Second Empire – et moi je m'emmerde. Comment se farcir tout un ballet de Ravel quand on a son premier enregistrement le lendemain matin ? Le défaut des mondains, c'est de ne penser qu'à la mondanité, chacun sa taule. Je le sais depuis madame la baronne d'Aligny, être riche, cultivé, bien élevé, aimable, aimé, pourri-gâté dans le papier-cadeau des beaux quartiers, ça ne s'appelle pas forcément le bonheur. Pour être heureux, faut faire quelque chose d'absolu. Moi je crois que Jean Moulin est mort heureux. Plutôt que de me coller son rouge en m'embrassant dans le cou, Iris ferait mieux de me ramener. J'aime pas qu'on me lèche, j'aime pas la salive, et demain je dois chanter.

Daniel ne se caille pas la laitance pour ma carrière. Il est parti pour Stockholm traiter ses affaires avec son associé suédois. Heureusement le petit Roland Hilda doit faire ses preuves de conseiller artistique… S'il dépasse les horaires syndicaux, ça coûtera une fortune à la maison.
Je suis son premier artiste.
Il est mon premier directeur artistique.
Quatre heures pour enregistrer cinq chansons.
Une matinée pour réussir ma vie.

Kenny Clarke, à la batterie, il a le son. Cymbales, timbales, cordes, grelots. Et moi, là, en complet bleu, vais-je trouver le souffle? Je n'en mène pas large. J'ai connu des barons et des putes, des gros bras, des mouflets, des flics, des macs, et même des compagnons de la Résistance, mais les seuls qui me foutent les jetons sont les musiciens. Pour moi, l'humanité se divise en deux, les musiciens et les autres. À Pigalle déjà, je voulais qu'ils m'emmènent avec eux, aujourd'hui je les vois venir pour moi. La vie est bien faite. Méticuleux, avec leurs rites, leurs vannes, ils déballent une ribambelle d'expressions jamais entendues : «On va s'éclater», «En direct», «C'est cool», «C'est trop cher», «Ça le fait». Vingt-sept, ils sont. J'en ai jamais vu autant, je reconnais certaines têtes qui étaient hier à l'Opéra. «C'est bien beau, le *bel canto*, mais la *cansoneta* nous fait bouffer.» Ils parlent comme ça, les musiciens. Un studio, c'est un grenier, mais tout propre, clos, capitonné. Gris-blanc, beige − sobre −, on n'est pas là pour rigoler, et pourtant on rigole. C'est comme un souterrain aussi, sans fenêtre, un abri pour une grosse famille. Le néon rouge va sonner l'alerte. J'aime leurs mains. Ils s'essuient lentement chaque doigt, une caresse aux cordes, un geste singulier pour chaque instrument. Je veux être à la hauteur. Derrière un panneau de verre, on m'isole avec un casque sur les oreilles. Essai micro. Un peu d'écho répercute ma voix. Jacques Danjean, le chef d'orchestre, me demande : «Ça va, Hervé?» Tempo. Si je les plante, je plante tout. René, respire. René ferme tes yeux, y a plus de passé. Les musiciens sont avec toi. Ta chanson, c'est pas du toc. Trois… Quatre… Je descends dans le noir au fond de mon ventre. Trois… Quatre.

Là. Maintenant.

Le son n'est pas bon. On recommence. Problème de micro. «Vas-y, on recommence pour le son.» Trois. Quatre. Les notes. Le piano. Accroche-toi à la mesure. Il faut tout prendre, je donne tout.

S'il te semble entendre
Dans la brume de mes rêves
Une voix qui t'appelle
Une voix qui t'appelle
Tu la reconnaîtras
C'est moi · moi qui t'aime.

L'orchestre s'arrête. Tout s'arrête. Panique. Ça vient de moi? L'ingénieur du son me demande de ne pas chanter si fort, ni si près du micro. De veiller à ce que la lingette en gaze ne s'envole pas de la bonnette. De bien poser chaque mot.

– T'inquiète pas, on recommence, mais c'est pas pour toi.

Les musiciens chuchotent, une cymbale tombe, la grande aiguille de l'horloge vient d'avancer d'un cran, Roland Hilda s'éponge. Mais je n'entends rien, absolument rien, sauf l'ingénieur au casque. Pour me rassurer, il parle bas. «Quand tu respires, monte la voix.» Je vois les mille petits trous très profonds du micro. L'orchestre revient dans mes oreilles. «Enregistrement», souffle Roland Hilda. Trois, quatre…

Une voix qui t'appelle
C'est moi qui t'aime
C'est moi qui reviens vers toi

– C'est bon, on passe à l'autre, lance Jacques Danjean. Merci messieurs!

Violons mal accordés, on recommence.

Un bruit parasite la bande. Danjean gueule comme un putois : «Pour un *la* mineur, on va pas y passer la matinée.» Au bout de trois heures, quatre chansons sont dans la boîte : *On verra bien, La vie sans toi, Je veux chanter ce soir* et *Une voix qui t'appelle* – c'est ma préférée. Il n'en reste qu'une, celle que j'ai écrite. J'ai soif, mais je n'ose pas réclamer. Faut que je voie le bassiste. L'air inspiré, il fronce tellement les sourcils qu'on l'appelle le Sapin. Tout le monde se donne des surnoms ici aussi, mais c'est affectueux – un animal, un arbre. Ils ont vite fait de te mettre en boîte, ces mecs-là. Je tiens à mon gimmick, je ne lâcherai pas. Je veux le son de la basse. Un-deux, un-deux, les doigts bien ronds, Jean-Marie Ingrand presse sa basse électrique, tout en profondeur. Il a vite pigé. Le Sapin défronce ses sourcils...

– T'inquiète pas, j'accompagne Sinatra.

Nous n'avons fait qu'une prise de *Capri C'est fini.* Je l'ai crachée... À la fin, les violonistes, de leurs archets, ont tapoté leurs cordes. Relax, le petit Hilda n'a pas dépassé l'heure et a tenu son budget

– C'est très bien. Tu veux écouter ?

Vraiment bien ? J'en reviens pas.

– Non merci, Roland, je préfère pas.

Je remercie tout le monde et je cours vers la rue, vers la délivrance. Je tiens debout. Le vent pourrait passer à travers moi. Vide, soulagé, léger, comme une feuille. Il est midi. J'ai soif, très soif. Ma fierté parfume l'air. Enfin on m'a donné mon sucre, on m'a rempli ma gamelle. Tous ces pingouins, c'est des mecs sympas. Quand un musicien tapote son instrument, c'est qu'il te félicite. J'ai pas hurlé, j'ai pas chialé : j'ai chanté avec eux.

C'est cool. Ça le fait. J'ai des expressions de musicien. Plus j'ai à faire, moins je m'angoisse. Ça s'appelle la vie active. Pour la séance photo de ce matin, j'ai choisi mes jeans et mes chemises dans un stock américain. Chez Mercury International, on m'attend. Mon disque sortira pour les fêtes. C'est tout de suite. Micheline, Daisy la brunette, Francine Dormann : un bataillon promotionnel va faire de moi une image. Mais il y a tant d'artistes dans cette maison. Tous ces couloirs, toutes ces affiches, Gréco, Barbara, Brassens, Claude François, Johnny... Bashung est de ma promotion.

Louis Hazan me dit que le disque sortira le 12 novembre, nous gardons *Capri c'est fini* pour plus tard, c'est une chanson d'été, paraît-il. L'été, c'est loin, j'ai les boules.

Aujourd'hui Daniel et moi déjeunons avec Louise de Vilmorin et monsieur le ministre d'État aux Affaires culturelles. Encore une femme maigre, avec une robe d'été en hiver. Madame de Vilmorin parle de Gaston Defferre, des socialistes. Monsieur le ministre nous bombarde de postillons de vinaigrette, je reste cool. Pour André Malraux, la chanson est un art mineur. Là, ça va trop loin. Sur les Nabatéens, je n'ai rien à dire, mais quand il s'agit de la chanson, je me mêle à la conversation.

— Si je peux me permettre, monsieur le ministre, prenez le temps d'aller voir chanter Jacques Brel, cela vaut bien un Chagall.

Daniel est ravi.

Voilà plusieurs semaines que les dîners se ressemblent. À voix basse, les gens viennent prendre des renseignements pour le jour J. On ne parle que de Jean et du Panthéon. Daniel me laisse quitter la table. Ce soir, moi, je file voir Dalida à Bobino. Non, je n'irai pas. Je ne le sens pas. Je ne m'imagine pas aller la déranger dans sa loge. Je vais juste lui envoyer mon disque… Bouge-toi, personne t'attend, qui le fera si tu ne le fais pas ? Finalement si, j'y vais. Après le spectacle, j'ai frappé à sa porte. Elle m'a ouvert en peignoir et en pantoufles à pompon.

— Merci d'être venu.

Ses longs cheveux sont défaits.

— Vous êtes le miracle de ma vie.

– Oh là, jeune homme, je ne suis pas la Madone.

– Mais si, si vous saviez. Le premier mot tendre que j'aie reçu, c'est vous qui me l'avez écrit… J'ai fait un disque, je vous le donne.

Sa voix est fatiguée. Ses yeux se plantent dans les miens.

– Alors, vous aussi, vous chantez?

Elle me parle de Lucien Morisse, avec qui elle vient de rompre. Elle n'a pas l'air fâchée, pourtant qu'est-ce qu'elle a pris avec toute cette histoire – on lui a même envoyé des couronnes mortuaires. Mais elle parle de lui avec tendresse.

– Allez voir Lucien de ma part, il peut vous donner un coup de main.

Les divas font la vaisselle en pantoufles et mangent du saucisson. C'est Paris, la musique est ma vie.

Dalida m'a serré la main :

– Je parie sur vous.

Trois jours plus tard, Roland Hilda entend *Une voix qui t'appelle* à la radio. Ça regonfle Mercury. Mon disque n'a qu'un succès d'estime, j'ai dû en vendre cinquante, et autant chez Synfonia. Mais, depuis ce matin, tout le monde me dit :

– Dalida a passé ta chanson sur Europe 1.

Maintenant, je suis de la famille. Elle m'a aimé. Ming a raison, je suis un enfant gâté. Si Dalida m'aime, tout le monde m'aimera.

C'est décembre, l'air est vif. J'ai six mois pour entrer au hit-parade de l'été.

Dès qu'il fait froid, Paris paraît propre. C'est pour aujourd'hui. Tôt ce matin, Daniel m'a demandé de me mettre sur mon trente et un et je n'ai pas moufté. Je vais la porter, sa pochette en soie. Je fais briller mes godasses en crachant dessus. Prêt.

— Il faut qu'il y ait des jeunes. Leurs aînés ont souffert pour qu'ils puissent vivre libres... Mets la cravate, aussi.

La cravate, d'accord. C'est le jour de sa vie. Je dirai oui à tout, au Panthéon bleu blanc rouge et à ses compagnons.

Dans le taxi, je sens qu'il est inquiet.

— C'est dramatique, André Malraux souffre d'une sciatique, je ne sais pas s'il pourra faire son discours.

Il m'abandonne dans le cortège des DS à cocarde, et fend la foule vers l'escalier. Les scouts pèlent de froid sous leurs écussons. Les vieilles en astrakan ont la goutte au nez. Ministres, généraux, compagnons, crachent des bassines de vapeur. Je suis sur un gradin avec un essaim de jeunesse. Malraux a voulu qu'il y ait des jeunes, alors on est là. Je cherche Daniel parmi les officiels, sans le voir nulle part. Tous les deux, nous n'avons pas connu la même République. Moi, elle m'a pris ma mère. Les statues n'ont jamais été mon truc, mais je respecte les morts. Bordel, qu'est-ce qu'il fait froid. Je suis heureux pour toi, Daniel. Tout va bien se passer. Nuit et jour, il a travaillé. Dès huit heures, le téléphone sonnait, Ming jurait en vietnamien. «C'est pour le Panthéon, monsieur Daniel», «C'est à propos de Jean, monsieur». Et Daniel répondait : «Je prends, je prends». Le nom de Jean plane sur nous depuis des mois. La première fois qu'il m'a parlé du Panthéon, Daniel ne plaisantait pas :

– Il faudra que tu sois là, René, et que tu écoutes.
– Bien sûr que je serai là.
Sur Jean, j'ai jamais discuté.

On a ressorti les tentures noires. Et on attend. La garde républicaine s'ouvre. De Gaulle arrive, il passe à trente mètres. Tu le croirais pas, Nénesse, je pourrais compter les étoiles du général. Et Messmer, Debré, Pompidou. Doublet, le préfet en chaise roulante. Mon Dieu, ce vent. Les drapeaux claquent et le dais va s'envoler.

Ils déposent les cendres de Jean.

Ils n'ont pas lésiné sur la sono. Malraux a une sciatique. Perché comme un corbeau sur son podium. La mèche en bataille. La voix résonne sur la place comme si elle sortait du tombeau. Les mots Liberté, République se plaquent aux murs. République, c'est la mienne. Liberté, c'est la mienne. Daniel m'a dit un secret : l'orateur a une sciatique, mais sa souffrance c'est Jean Moulin. J'écoute. J'aperçois Daniel. Le grand Charles les dépasse tous d'une tête. La voix du tragédien enfle avec le vent. Porté par l'écho, Jean Moulin revient vers nous. Je regarde Daniel Cordier. C'est mon père. La famille, le général et Daniel entrent dans le Panthéon.

Je reste dans le quartier. Je tiens deux jours dans un cabaret de la montagne Sainte-Geneviève. Georgette Anys, la proprio, m'a jeté parce que je n'avais pas d'accordéoniste. Le guitariste que m'a prêté Christiane Néret ne lui convenait pas. Trop de bruit, trop rock'n' roll, trop ceci, trop cela. La chanson italienne, elle déteste, ce qu'elle aime c'est Paris. Bonsoir Georgette.

Dix jours plus tard, un autre concert PACRA, à la Bastille. Nous sommes une dizaine, tous des garçons, à pousser la chansonnette. C'est sombre, humide et poussiéreux, ça me rappelle le cabaret des adieux de Damia. Bientôt ils feront un garage de cette salle.

– On ne peut pas dire que tu aies fait un triomphe, me dit André Chanu.

Il n'embauche que des garçons mignons. Sa voix de basse glorifie les minets sur France Inter.

Puisque Daniel ne veut pas que je quitte Synfonia, je ne deviens artiste qu'à la nuit tombée.

– Fais attention, me répète-t-il.

– Faire attention à quoi, Daniel, pourquoi tu ne viens pas me voir chez madame Martini?

C'est quelqu'un, la Martini. Chaque soir, elle apparaît sur le seuil de son cabaret russe. De temps en temps, Ionesco vient me voir, il est juste à côté, au Théâtre de la Huchette, où on donne sa pièce, *La Cantatrice chauve*. Je lui glisse : «Monsieur Ionesco, vous êtes mon seul public encourageant.» Les autres réveillonnent au caviar. Ça sent le moisi, le vieux chiffon, la vodka coule à flots dans le chant des Tziganes. Au petit jour, madame Martini recompte ses billets de ses ongles vernis.

En février, les arbres ressemblent à un trait de charbon. Les chansons arrivent de partout. Roland Hilda, le directeur artistique, m'a envoyé au festival de San Remo. Je ne sais plus dire non à l'Italie. Mon producteur et mon père me reconnaissent un côté latin. Je suis un lyrique.

– Daniel, tu imagines ça... À San Remo, les artistes se tueraient pour gagner le premier prix. Que des virtuoses de la *cansoneta*. L'orchestre était grandiose, toutes ces chanteuses en strass et paillettes... Oh Daniel, des choucroutes, des rubans dans les cheveux qui n'en finissent plus, des plumes, des traînes, des plissés de Venise...

– Dis donc, René, depuis qu'on t'appelle Hervé, t'en fais pas un peu trop ?

– Si, si. Je vais chanter la version française d'*Il Mondo*.

Jimmy Fontana me l'a laissée, j'ai essayé d'écrire les paroles, mais je n'y suis pas arrivé. Au fond, je voudrais chanter une chanson à moi. Les mots me sont venus d'un coup : « J'ai envie de faire l'amour avec toi. »

– Ça ne va pas, c'est trop osé, s'écrie Roland Hilda, faut pas dire « faire l'amour ». Tu n'as qu'à appeler ça : « J'ai envie de vivre avec toi. »

Bon. Des chansons, j'en trouverai d'autres. Les idées, parfois, il y en a partout, et parfois plus du tout. Selon les choix de Mercury ou selon mes goûts, on me place des chansons, même si je n'ai pas vendu un disque. Elles tournent, elles tournent. Paris fourmille d'auteurs-compositeurs. La maison doit créer de nouveaux chanteurs. Claude François menace de s'en aller pour monter son propre label. Qui sera le futur

Cloclo? Hilda me ferait chanter n'importe quoi. On s'esquive, on grogne, tantôt je refuse, tantôt il accepte. Donnant donnant. Daniel Gérard et Gilbert Bécaud – Bécaud! – se déplacent pour me présenter leurs œuvres, ça me sidère.

La beauté d'une chanson, c'est qu'elle peut naître partout, au bistro, dans le train, dans un couloir, sur un oreiller, devenir un succès ou finir dans la corbeille à papier. Et personne ne peut rien prévoir. Mon prochain disque sortira début juin. Ce sera tout ou rien. Le vinyle est gravé, je suis sûr de mon choix, ça ne dépend plus de moi.

À Saint-Germain-des-Prés, chez Jimmy, au Garden Club, partout il y a du blues, et des jeunes comme moi qui chantent. On aime la chaleur, les Wimpy, la guitare. Partout on veut raconter des histoires, on veut de la musique. Plein les rues et plein les nuits. Au Garden, ce sera Polnareff. Ce petit brun-blond aux cheveux longs un peu crades joue de la guitare comme personne, il a le don. Il fait le métro, les marches de Montmartre. Le soir, il vient jouer quelques notes contre un spaghetti. Bevillacqua n'aime pas son nom italien, on l'appelle Christophe. Il y a les Flammes, Manu qui fait du folk song, et Sibylle, ma copine, qui chante le blues aussi bien qu'une Noire de Harlem. Sa voix nous déborde, généreuse. Elle dit toujours : «Sibylle a mal au foie, s'il y a bile, y a mal au foie». Cette gouaille qu'elle a, cette voix, j'aime les filles débordantes. Tout le monde se tait quand elle chante, même moi qui pousse la *cansoneta*. «Et merde, Hervé, si t'as fait un disque, je peux bien en faire un aussi.» Non, je ne chante pas le blues, ma Sibylle, mais j'ai vendu 400 de mes disques aux putes du quartier en trois mois. Sibylle, ma voix noire, ma négresse blanche, fête son nouveau prénom, elle va s'appeler Nicoletta.

Deux mois, trois mois, le soleil monte, les jours rallongent, vivre va vite quand on est heureux. On s'agite autour de moi. Mon disque d'été va sortir avec *Capri c'est fini*, *Un monde fait pour nous*, *On verra bien* et *Jour de chance*. J'ai posé pour une belle pochette, la tête dans un projecteur. Micheline Brunel, comme une mère, me fait sauter sur ses genoux en se pâmant : «J'adore *Un monde fait pour nous*.» Daisy Brun me dit : «*Capri c'est fini*, qu'est-ce que c'est beau.» Ils sont barrés, toute la baraque y croit. Louis Nucera, courtois, reposant, tient le bataillon de la presse. André Asséo tient la radio, et donc tout le monde. Caillard, Meyerstein, Louis Hazan… Lucien Morisse diffuse cinq fois par jour *Capri c'est fini*. On ne pense pas devenir célèbre, non, et puis, tout à coup, on entend sa voix. Les gens se mettent à t'appeler par ton nouveau prénom. Dans les couloirs de la maison de disques, ils te saluent même si tu es loin. Et quand tu entres dans un bureau, il semble qu'on t'attendait. On ne se sent plus toucher le sol, on ne voit rien venir, on ne regarde plus la cime des arbres, on ne s'occupe pas du temps qu'il fait, c'est naturel de penser à soi, y a plus que soi. *Capri c'est fini*, cinq fois par jour sur Europe 1, c'est beaucoup. Brusquement, hier soir, dans les yeux de Daniel, j'ai vu de l'effroi.

— Mais qu'est-ce qu'on va faire si tu t'envoles, René ?

— Maintenant on m'appelle Hervé. Y a qu'à laisser faire. C'est ma vie. T'inquiète pas, Daniel. Ça changera quoi ? Rien.

Ce n'est qu'une chanson.

Dany est montée du Midi et elle travaille aux Galeries Lafayette. Nous vivons ensemble quand j'ai le temps. Je l'aime, oui, mais je suis ailleurs, je suis barré, je suis parti, Dany ne comprend pas. Dans ma bulle, il n'y a qu'une place.

Ce matin, tout le bataillon promotionnel est là, dans le grand bureau, on me parle de Cannes, de rendez-vous. Mon billet d'avion est au nom d'Hervé Vilard. Ils jactent tous en même temps, mais rien n'est grave, rien ne m'effraie. « C'est parti, ça marche, mon petit. » Et ils me passent une main dans les cheveux. J'aime pas qu'on me touche. Il y a une usine derrière moi. Ça tourne. C'est de la galette. Mais faut être réglo : « Sois à l'heure. » Ils rient dans le bureau enfumé. Une secrétaire débarque avec un transistor à fond, c'est ma voix, elle s'approche, se déhanche, elle me frôle en chantant *Capri* à tue-tête. Je préfère qu'elle ne me touche pas. Dany me sourit : « Je vais partir. Je ne veux pas vivre comme ça. Cette vie n'est pas pour moi, René. » Elle m'embrasse et elle s'en va. Je ne lui dis pas de revenir, je ne cours pas dans l'escalier. Je l'aime et je ne l'aime pas.

Je ne m'appartiens plus.

Je suis fou de joie.

Je reçois mes premières lettres. Des mots d'amour, des jeunes filles, des mères, des célibataires, des perdus, des enfants tout petits. Un trèfle à quatre feuilles dans un cœur, de Solange. « Je me marie grâce à vous. En voyage de noces on va à Capri. » Signé Marie-Rose et Laurent. Une lettre vient de Saigon, avec une écriture d'écolière et une fleur séchée. Elle parle de la guerre et m'écrit que je suis son chanteur préféré. Je fouille, je regarde les timbres. Une autre sur papier bleu, de Normandie, dans une belle calligraphie, m'affirme que *Capri c'est fini* est la plus belle chanson d'amour. Signé Marguerite Duras.

Ce matin, départ pour Cannes. Chemise rose, jean et mocassins blancs offerts par Mercury. En plein été, je suis transi. Dans l'aéroport, on m'a laissé tout seul, avec mes paquets, mon blazer bleu marine. Le disquaire d'Orly a mon 45-tours, en pile, contre la caisse ; du *Capri c'est fini* partout, en vitrine, dans tous les casiers, sur toute une colonne. Le disquaire s'appelle Jacques, Jacques Morali, mais je n'ai pas beaucoup de temps. Il crie · «Je vous ai reconnu, vous êtes Hervé Vilard ?» Qui ? Il n'y a pas long-temps, je m'appelais René. Je cours, j'ai peur de rater l'avion. Daniel me l'avait dit : «On va te reconnaître maintenant que tu as poussé ton cri.» «Vous allez devenir un grand chanteur.» Jacques Morali m'at-trape le coude. Qui ? Ma vérité ment. «Je vous ai reconnu.» Ah ? On ne m'a jamais reconnu, personne, nulle part. Du fond du hall, tout mince, il lève le bras, une dernière fois, à l'annonce du départ. De sa voix suave, l'hôtesse prévient : dernier appel. Cet avion ne partira pas sans moi. Il crie encore : «Hervé Vilard, Hervé Vilard.» Ça me complique la vie, Hervé Vilard. L'avion s'envole. Je suis assis dans l'air du ciel, à bout de souffle. *Capri c'est fini*, c'est le tube de l'été.

Il fait 42 degrés à l'ombre. L'air est moite. Ce soir, je chante à Rio de Janeiro. À la fenêtre du Copacabana Palace, je pense à Betty, ma gentille infirmière des Sables-d'Olonne. Et je parle encore tout seul. Les cargos s'éloignent du Corcovado pour traverser l'Atlantique à l'envers.

En quelle année sommes-nous ? La France me manque. C'est l'hiver à Verdun. Là-bas, j'ai retrouvé ma mère, Blanche, ma Blanche, ça me fait mal que tu ne te souviennes de rien. Ton quatrième enfant est devenu un vrai chanteur. Le métier est dangereux et c'est le plus beau du monde. Je suis célèbre, mais je ne sais pas quoi faire pour toi. Est-ce à cause de moi si tu as perdu la raison ? Je ne pensais plus à toi avant d'aller chanter à Verdun. J'ai poussé la porte d'une petite chambre d'hôtel louée par je ne sais qui. Tu étais assise sur le lit. Les paparazzi sont sortis de l'armoire et les flashs ont volé nos baisers étouffés. Je n'ai rien su faire d'autre. Tu as simplement dit : «C'est bien lui, je le reconnais. Ce sont ses yeux.»

Mère chérie, je n'ai aucune revanche à prendre, le plus beau triomphe de ma vie, c'est de t'avoir retrouvée.

On m'attend dans la berline. Je ne porte pas de lunettes noires, il me faut juste un sac avec quelques affaires de rechange.

J'entends monter les clameurs dans l'arène du Maracanazine. «Hervé, *amo te!*», ça fait bang dans mon cœur. J'ai encore vomi. Je fais mon signe de croix et contemple la pointe de mes chaussures. Il me suffit de monter les marches en pensant à quelqu'un que j'aime et d'entrer en scène à pas vifs.

La scène est un champ de blé d'or.

Je suis tout petit.

La musique me pousse vers l'avant, la lumière m'éblouit. Au premier rang, il y a le regard des fans, je les distingue à peine. Des bras se lèvent et retombent dans un trou noir. De prime abord, mon bonheur n'est pas gai. La musique est bonne, elle me porte, je m'élève lentement. «Faut-il mourir ou vivre quand on a du chagrin?» Ma langue se colle au palais comme une hostie, avec un arrière-goût de gingembre dans la bouche. Le Brésil chante, ça me donne la pêche. Il ne faut pas racoler. Je sais qui je

suis. Je suis un délinquant sans arme, un enfant de
chœur qui donne des coups.

> *Nous, c'est une illusion qui meurt*
> *D'un éclat de rire en plein cœur,*
> *Une histoire de rien du tout,*
> *Comme il en existe beaucoup.*

La poursuite ne me lâche pas Les mains tendues,
la mèche sur l'œil, je reçois l'amour d'une mère. On
me rappelle. J'y retourne, j'en veux encore. Je suis né
libre, autonome et suspect.

Jean-François Kervéan est écrivain. Il m'a accompagné dans l'écriture de ce livre jusqu'à me faire entendre ce qu'il y a derrière les mots. Dans mon travail souvent solitaire, il est venu à mon secours pour me réconcilier avec l'enfant déchiré que je fus. Salut à toi, Jean-François.

Je tiens aussi à remercier Marie-Rose Guarnieri pour son enthousiasme et ses conseils avisés.

H. V.

Cet ouvrage a été réalisé en Caslon par Palimpseste à Paris

Achevé d'imprimer en août 2006
par **Bussière**
à Saint-Amand-Montrond (Cher)
pour le compte de la librairie Arthème Fayard

35-33-2700-9/09

ISBN 2-213-62500-X

Dépôt légal : août 2006.
N° d'édition : 78188. – N° d'impression : 062889/4.

Imprimé en France